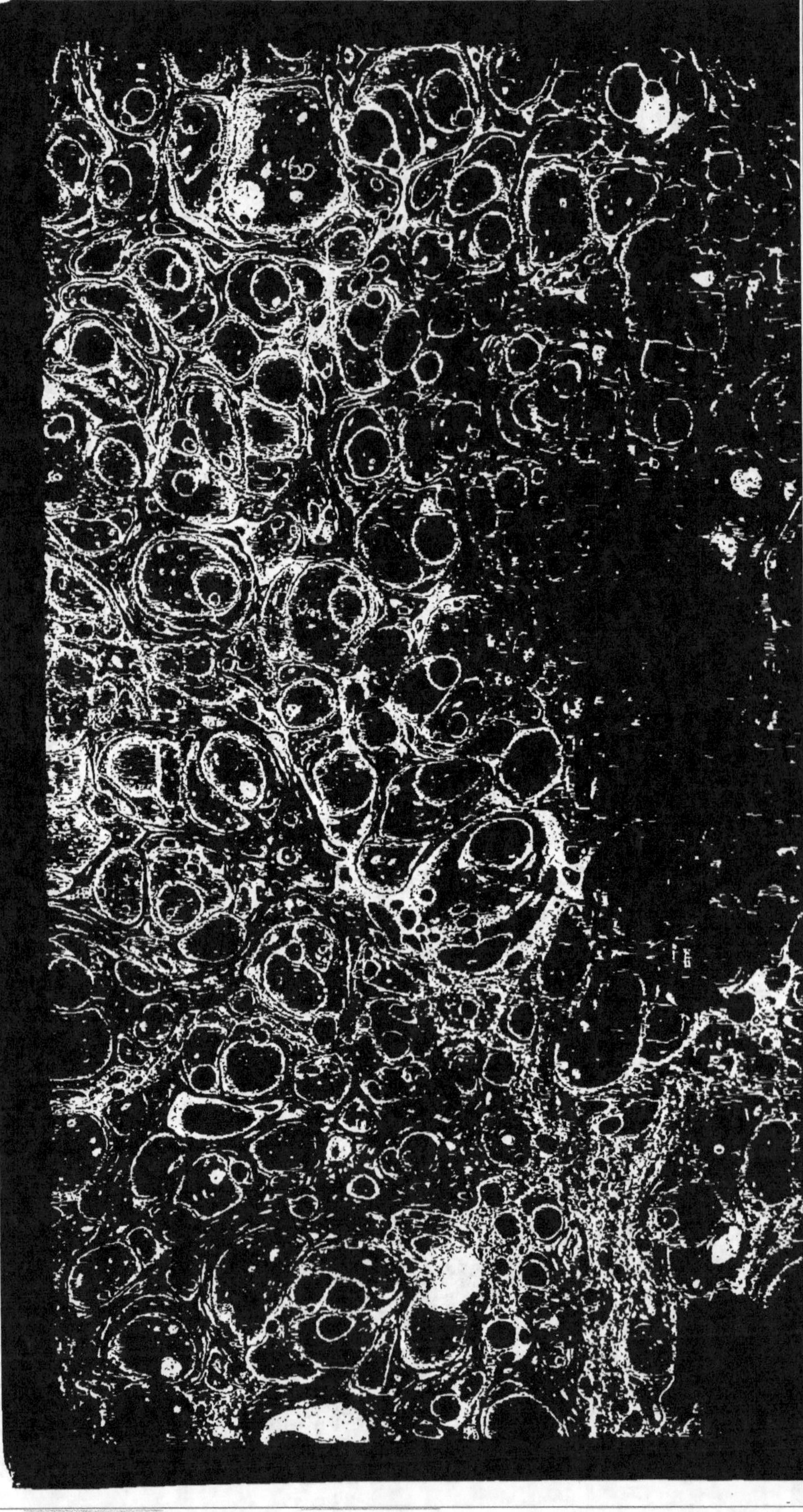

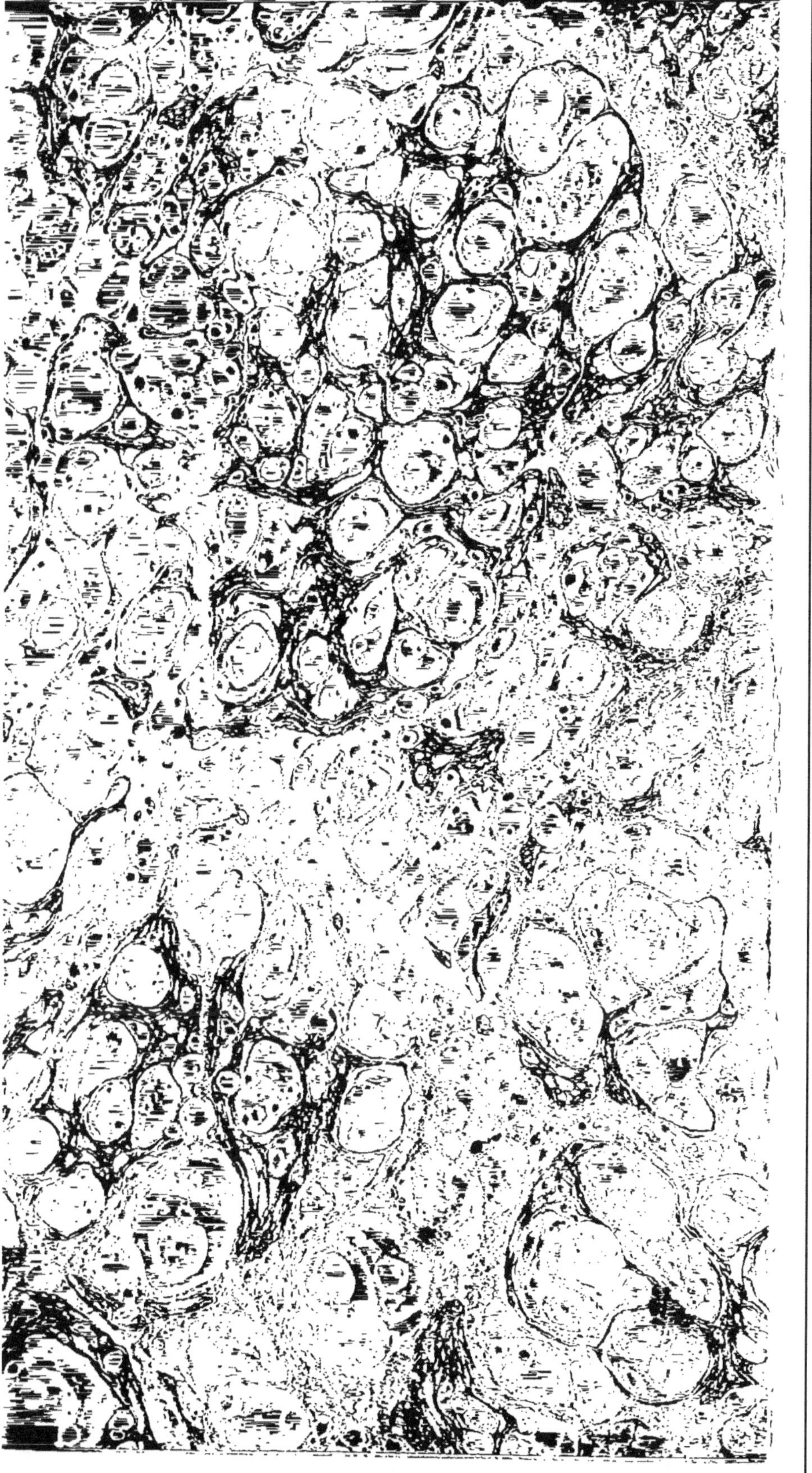

LES HERMITES

EN PRISON.

IMPRIMERIE DE FAIN,
PLACE DE L'ODÉON.

LES [...]

EN PRISON

PAR E. JOLY [...]

AU[...] OBSE[...]

SUR LES [...]
AU COMITÉ [...]

LES HERMITES
EN PRISON,

PAR E. JOUY ET A. JAY;

POUR FAIRE SUITE

AUX OBSERVATIONS

SUR LES MŒURS ET LES USAGES FRANÇAIS
AU COMMENCEMENT DU XIXe. SIÈCLE.

PAR E. JOUY,

MEMBRE DE L'INSTITUT.

CINQUIÈME ÉDITION,

Ornée du portrait des Auteurs,

De deux gravures et six vignettes

TOME SECOND.

A PARIS,

CHEZ LADVOCAT, LIBRAIRE-ÉDITEUR;

A LONDRES,

CHEZ MARTIN BOSSANGE ET Cie.,
14 GREAT MARLBOROUGH-STREET.

1823.

LES HERMITES

EN PRISON.

N°. XVIII. — 7 *mai* 1823.

DIX-HUITIÈME CONSOLATION.

LES FEMMES VUES DE SAINTE-PÉLAGIE.

> Le ciel fit les femmes
> Pour corriger le levain de nos âmes,
> Pour adoucir nos chagrins, nos humeurs,
> Pour nous calmer, pour nous rendre meilleurs.
> VOLT., *Nanine*.

PARTOUT où se trouvent des malheureux vous êtes sûr de rencontrer des femmes ; il existe entre elles et la souffrance un lien mystérieux, le seul qu'elles n'aient jamais ni la volonté ni le pouvoir de rompre. Sans chercher à affaiblir le mérite du sentiment qui les anime, on pourrait dire qu'il entre un peu de coquetterie dans la compassion des femmes : la pitié, les larmes, leur siéent si bien ! l'aspect du malheur donne une expression si tendre et si gracieuse à leurs regards, et le jour sombre des prisons est si favorable à leurs attraits qu'on serait quelquefois tenté de croire qu'elles ne se montrent si bonnes que pour paraître plus belles.

On ne connaît point toute l'influence des femmes, on ne sait pas tout ce que leur âme a d'énergie bienfaisante, tout ce que leur esprit peut leur fournir de ressources ingénieuses, quand on ne les a pas observées dans ces retraites affreuses, dont l'espérance n'est jamais bannie tant qu'on leur en permet l'entrée.

Privées de liberté dans la plus grande partie du globe, les femmes, que l'on prendrait pour une nation vaincue; que la nature, l'éducation, les mœurs, les lois et les hommes qui les ont faites, tiennent par toute la terre dans un asservissement perpétuel, ne semblent occupées qu'à soulager ou à briser les fers que leurs tyrans s'imposent. Ces aimables captives, quelquefois infidèles dans les jours de nos prospérités, ne le sont jamais à notre infortune.

Si les exemples contemporains ne me pressaient de toutes parts, j'irais interroger l'histoire; j'y trouverais le nom de cette touchante Éponine, qui suivit de caverne en caverne son époux Sabinus, qu'un empereur trop loué, l'avare Vespasien, fit périr si cruellement.

Je rappellerais les souvenirs si généreux, si tendres, d'Arria, d'Agrippine, femme de Germanicus.

Plus près de nous, je trouverais l'exemple non moins sublime de cette noble fille du chancelier Thomas More, qui voulut partager la prison de son illustre père, et l'accompagna jusque sur l'échafaud ; je la montrerais, après avoir racheté au prix de sa fortune la tête sanglante de son malheureux père, accusée de conserver dans son cabinet cette triste relique, de lire sans cesse les ouvrages du chancelier, et par conséquent de nourrir des sentimens hostiles contre le gouvernement. Intrépide en présence de ses juges, ce n'est point sa vie, c'est la mémoire de son père qu'elle défend avec tant d'éloquence : les cris de sa douleur ont du moins attendri ses bourreaux ; elle ne fut pas condamnée.

Je ne parlerai pas de mademoiselle de Scudéri mettant en usage une foule de moyens plus spirituels cent fois que ceux qu'elle employait dans ses romans, pour procurer au malheureux Pélisson l'encre et le papier nécessaires à sa justification.

Je ne demanderai pas aux cachots de la révolution combien de généreux dévouemens, d'actions sublimes, de soins tou-

chans, de périls affrontés, de peines adou-
cies, ont élevé au premier rang le caractère des femmes françaises dans le cours de
nos discordes civiles.

Je n'ai pas besoin de rappeler le dévouement angélique de madame de La Fayette
dans les prisons d'Olmutz, de madame de
Lavalette à la Conciergerie, d'une autre
dame du même nom que la mort vient de
frapper en Amérique; l'histoire a déjà consacré tous ces noms glorieux; c'est de vertus plus familières et de scènes moins
douloureuses que j'entretiens ici mes lecteurs.

C'est un spectacle bien digne de l'attention d'un observateur ami des femmes que
celui du *salon* de Sainte-Pélagie le jeudi et
le dimanche de chaque semaine. Ces deux
jours sont les seuls où les hommes détenus
dans cette maison pour délits véritablement
correctionnels puissent recevoir la visite
de leurs parens et de leurs amis.

Une première remarque à laquelle ce chapitre tout entier servira de commentaire, c'est qu'à ces réunions les femmes se rendent en beaucoup plus grand nombre que les hommes. J'ai souvent prolongé mon séjour dans cette assemblée plus bruyante que brillante, pour bien en saisir l'ensemble et les détails.

L'éducation, la position sociale, établissent entre les hommes des différences qui sont beaucoup moins sensibles parmi les femmes, et que deux sentimens qui semblent faire partie d'elles-mêmes, la pitié et l'amour, font tout-à-fait disparaître. Auprès des malheureux qu'elles consolent le vêtement seul les distingue : toutes semblent alors posséder au même degré cet art charmant de deviner leur goût, de soutenir leur courage, de ménager leur amour-propre, en un mot, de verser sur les plaies du cœur ce baume que leur ingénieuse tendresse peut seule préparer. Ces soins moraux sont bien au-dessus des soins physiques et des attentions matérielles dont elles ne sont pas moins prodigues.

Parmi les femmes au milieu desquelles j'ai passé quelques heures les jours de grande réception , on m'a montré une jeune fille qui, depuis trois ans, vient de Nanterre à pied, deux fois par semaine , et quelque temps qu'il fasse, pour apporter à son ami quelques petits gâteaux du pays, dont il est très-friand : il la grondait ce jour-là d'être venue par le mauvais temps qu'il faisait, et j'écoutais avec attendrissement tous les petits mensonges que son cœur lui suggérait pour atténuer le mérite de son dévouement : « Il ne pleuvait pas au moment où elle était partie de chez elle ; quand la pluie a commencé, elle avait eu le bonheur de rencontrer la mère Françoise, et cette bonne laitière l'avait prise dans sa petite charrette couverte , et l'avait conduite jusqu'au boulevart de la Madeleine. » Et tout en parlant elle essuyait ses vêtemens mouillés, et faisait signe à un vieillard qui l'accompagnait de ne la point démentir.

Sur un autre banc, je voyais une femme belle encore, quoique dans le déclin de l'âge, qui pressait son fils contre son cœur avec une expression de douleur et de tendresse dont rien ne peut rendre le charme ; son mari détournait ses regards avec mépris et colère d'un fils dont il avait sans doute à rougir, et la tendre mère profitait de ce moment pour glisser au jeune homme une petite bourse qu'elle avait tirée de son sein.

Je ne sais à quel signe je reconnaissais les nuances délicates du même sentiment dont toutes ces physionomies de femmes étaient animées : mère, fille, épouse, amie ou maîtresse, je les distinguais au premier coup d'œil. Je ne pourrais me vanter de ma perspicacité, si je n'avais eu à l'exercer que sur des femmes aussi expansives qu'une fort jolie petite personne qui s'était emparée, avec l'homme qu'elle venait voir, de l'angle le plus obscur et le plus éloigné du salon; j'observai seulement qu'il était impossible de tenir moins de place sur une surface donnée que n'en occupait ce couple sentimental.

La tendresse maternelle, la piété filiale, l'amour, la bienfaisance et l'amitié, sont des vertus dont les femmes pourraient ici m'offrir d'innombrables exemples; mais il en est de plus étrangères à leur sexe, le patriotisme, le courage, et l'honneur (dans le sens chevaleresque qu'on attache à ce mot), où quelques femmes se sont élevées à toute la hauteur de l'héroïsme. J'en citerai un seul, que mon séjour à Sainte-Pélagie m'a fait connaître : la lettre de madame ***, que je copie ici, me dispense de toute autre explication.

« Vous savez à quel point vous m'êtes cher ; mes soins ont mis vos jours en sûreté, mais on vous accuse d'avoir agi comme agent provocateur dans l'affaire qui se juge en ce moment à la chambre des pairs : revenez donc vous constituer prisonnier, puisqu'il n'est pas d'autre moyen de vous justifier d'une action infâme. Vos juges sont des hommes, et votre innocence sur le fait de la conspiration est loin de me rassurer. Vous pouvez perdre la vie, mais je vous connais, vous ne mettrez point un pareil sacrifice en balance avec la perte de votre honneur, du mien, et de celui de nos enfans. »

Le vœu de cette noble et courageuse citoyenne fut aussitôt rempli ; son époux revint et fut jugé ; le soupçon odieux qu'on avait fait peser sur lui fut détruit sans retour, et l'arrêt qui le prive pour quelque temps de sa liberté lui laisse dans l'estime et dans la tendre affection de sa femme le dédommagement de tous les biens qu'il a perdus.

Notre entrée à Sainte-Pélagie fut marquée par deux circonstances affreuses : celle de la translation de M. Magallon à Poissy, dont nous avons eu plusieurs fois l'occasion de parler dans cet ouvrage, et celle du suicide d'une jeune et jolie femme qui s'est tiré deux coups de pistolet dans la poitrine, entre les deux guichets de la prison de Sainte - Pélagie, dont son époux lui avait interdit l'entrée. Des soupçons jaloux dont elle n'avait pu le faire revenir ont été la cause de cet acte de désespoir.

Mes observations à Sainte-Pélagie n'ont fait qu'ajouter quelques preuves de plus à l'appui de cette vérité consolante : l'arbitre des destinées humaines a placé dans le cœur des femmes, dans leurs soins généreux, dans leur tendre sollicitude, la compensation de toutes les douleurs, de tous les dangers et de tous les maux de la vie.

E. J.

DIX-NEUVIÈME CONSOLATION.

LA DETTE.

> . . . . . . *Sic nunc sunt mores:*
> *Si quis reddit, magna habenda est gratia.*
> TERENTIUS.

> (Telles sout aujourd'hui nos mœurs,
> qu'il faut savoir gré à celui qui
> paye ses dettes.)

J'AI déjà dit que la maison de Sainte-Pélagie, consacrée dans son origine au repentir et à la retraite des femmes de mauvaise vie, était devenue la prison des détenus pour dettes. Elle n'a pas eu pendant long-temps d'autre destination. Aujourd'hui *la dette* ne forme plus qu'une section de

l'établissement. Cette section est composée de trois pavillons à quatre étages, et d'un corridor au troisième dans le pavillon de *la politique*. Ce corridor est d'une largeur convenable ; les autres sont des défilés étroits, où la lumière n'arrive que par des meurtrières assez semblables à celles qu'on aperçoit encore dans nos gothiques donjons. Vis-à-vis sont les chambres des prisonniers ; elles renferment pour la plupart deux, quatre, ou même huit personnes. Sur près de cent chambres, quarante-deux ne sont occupées que par un seul détenu. Cette distinction ne s'obtient guère qu'après un an de résidence. On y arrive, comme dans les grades militaires en temps de paix, par tour d'ancienneté. Cependant cette disposition n'est par mieux observée à Sainte-Pélagie qu'ailleurs. Un ordre de M. le préfet de police peut favoriser un nouveau venu, et faire exception à la règle générale.

La loi du 15 germinal an VI, sur la *con-*

trainte par corps, n'a établi aucune différence entre le véritable négociant patenté,
et celui qui, sans être commerçant, fait un
acte de commerce. Il suffit d'avoir signé
une lettre de change en bonne forme, pour
être réputé négociant et devenir justiciable
du tribunal de commerce. Si la lettre de
change n'est pas acquittée à l'échéance, ce
tribunal ne manque jamais de décerner la
contrainte par corps, et il est tellement
expéditif qu'il rend, dit-on, année commune, environ dix-huit mille jugemens de
cette nature.

Aussi Sainte-Pélagie, semblable à un
vaste caravansérail, reçoit des hommes de
tous les pays et de toutes les professions :
on y compte maintenant vingt officiers, parmi lesquels se trouvent sept colonels et un
général; les marquis, les comtes et les ba-
rons y sont en grand nombre : j'y ai remarqué avec surprise des ecclésiastiques, et
entre autres un des chapelains de S. A. R.

madame la duchesse de Berry. Le reste de
cette population se compose d'hommes de
lettres, de musiciens, de peintres, d'ouvriers, de porteurs d'eau et de charbonniers.
Ce qu'il y a de plus rare à Sainte-Pélagie,
c'est d'y voir un négociant.

Ce résultat prouve que la loi de germinal
a besoin d'une réforme complète. Je crois
qu'on ferait très-bien d'abolir la contrainte
par corps, ou de la réserver seulement pour
les actes réels du commerce. Ce sont, en
général, des prêteurs sur gages, des intri-
gans, des usuriers, qui exploitent à leur
profit la contrainte par corps. Son abolition
ferait disparaître une foule de piéges tendus
sous les pas d'une jeunesse passionnée et
sans expérience, qui risque son avenir et
sa liberté pour un moment d'ivresse et de
dissipation. Si l'usurier n'espérait pas ran-
çonner des familles respectables en mena-
çant de la prison, ou en faisant même incar-
cérer de jeunes étourdis, il n'ouvrirait point

sa bourse à leur imprévoyante prodigalité; il ne leur fournirait pas les moyens de satisfaire des penchans déréglés, et de devenir peut-être un jour les fléaux de la société. Ce serait un avantage réel pour la morale publique.

La contrainte par corps favorise les mauvaises mœurs de plus d'une manière. On cite une femme galante qui se trouvait gênée par la présence d'un mari d'humeur jalouse; elle apprend qu'il a souscrit une lettre de change que l'état de ses affaires ne lui a pas permis de payer; elle fait aussitôt acheter sous main la fatale créance, et retient l'époux désespéré sous les verrous de Sainte-Pélagie. Cet homme ne sait point encore de quelle manœuvre il est la victime; sa tendre épouse vient quelquefois pleurer avec lui d'une séparation si cruelle, et se console ailleurs de son infortune conjugale. On assure même qu'un pareil moyen a été employé pour éviter les importunités d'un amant qui avait pris au pied de la lettre des protestations de tendresse et des sermens d'une éternelle fidélité. Le premier fait est tout simple, on le concevra aisément; mais si je ne tenais le dernier d'une personne digne de foi, je me serais permis d'en douter.

La durée de la détention est de cinq années pour un Français : ce terme expiré, il est libre, et ses créanciers perdent sur lui *le recours par corps*. Quant aux étrangers, la durée de leur détention est illimitée. Je connais un de ces prisonniers, le major Swan des États-Unis, qui est entré à Sainte-Pélagie à l'âge de quarante-cinq ans, et qui s'y trouve encore à soixante. Citoyen estimé dans son pays, compagnon d'armes de Washington, il a passé dans la captivité les plus utiles années de sa vie. Je sais qu'il est résigné à son sort, qu'une longue habitude l'a familiarisé avec sa position, qu'il répand des bienfaits sur ses compatriotes que leur destinée amène près de lui; mais on ne peut s'empêcher de plaindre un homme qui a perdu ainsi une partie précieuse de son existence lorsqu'il aurait pu rendre à sa partie d'éminens services.

L'âge, quelque avancé qu'il soit, n'exempte point de la contrainte par corps; on a vu des vieillards de quatre-vingt-dix ans détenus à Sainte-Pélagie.

Il me paraît évident que la loi n'atteint pas le but qu'elle se propose, qu'elle n'ajoute rien à la sécurité du commerce, et qu'elle est une source d'abus qu'il serait utile de tarir. Il faut espérer que le gouvernement s'occupera de cet important objet, et mettra, avec le concours des Chambres, cette partie de la législation en accord avec la justice et l'intérêt de la société.

Les détenus sans ressources n'ont d'autres moyens d'existence que la somme que leurs créanciers déposent chaque mois au greffe à titre d'*alimens*. Cette somme est fixée à vingt francs. Du temps d'Henri IV, époque à laquelle cette allocation fut déterminée, on prit pour base le marc d'argent qui valait vingt francs; aujourd'hui il en vaut cinquante-deux, et cependant la consignation est toujours la même. Qu'on réfléchisse, de plus, à la différence du prix des denrées, aux dix francs de loyer que le détenu est forcé de payer mensuellement pour son chétif mobilier, et qu'on juge de ce qui reste à un malheureux ouvrier, souvent chargé d'une femme et de plusieurs enfans, pour sa subsistance et son entretien.

La faculté de recevoir les visites n'est point limitée pour la section de la dette. Il y entre chaque jour de cent à cent cinquante personnes des deux sexes. Les pères de famille y vivent comme dans leur ménage. Il y a des restaurateurs et des tables

d'hôte pour les jeunes gens et les vieux gar-
çons. Ces établissemens sont tenus par des
prisonniers.

Cette partie de la prison ressemble à une
petite ville. Mêmes distinctions dans la société, même importance pour les petites choses, même rivalité, même inquisition de
voisinage, même penchant à la médisance
et aux caquets. La soirée arrive : ceux-ci
font de la musique, ceux-là s'établissent devant une table de jeu. On rend ou l'on reçoit des visites, on s'y réunit avec des dames. Ici se lisent les journaux, là on parle
de politique, on suit les mouvemens de nos
armées, on cherche à deviner les projets de
Mina et de Ballesteros, les opinions se heur-
tent les débats s'échauffent; de là des an-
tipathies, des querelles et des inimitiés. Les
parties fines n'y sont pas rares; la gaieté, la
dissipation règnent dans telle chambre; on
s'y livre à toutes les recherches de la sen-

sualité tandis que dans la pièce voisine un malheureux dévore tristement le morceau de pain qui ne suffit pas à ses besoins. Cela peut se voir partout, mais le contraste est plus rapproché et frappe davantage à Sainte-Pélagie.

Parmi les détenus pour dettes se trouve M. Eugène Pradel, qui conserve à près de quarante ans toute la fraîcheur de la première jeunesse et une vivacité d'imagination qui semble n'appartenir qu'à cette saison de la vie. C'est peut-être le poëte de France qui improvise avec le plus de goût et de facilité. Il pourrait lutter avec les improvisateurs italiens. Mais il a des qualités plus solides, et dont il a donné des preuves éclatantes dont nous avons déjà parlé. Une âme ardente, un caractère généreux, une obligeance extrême, l'ont rendu cher à toute la maison. Si j'étais créancier de M. Eugène Pradel, je ne

résisterais pas au désir de le rendre à la liberté, et je pense que je ferais en même
temps un bon calcul et une bonne action.

A. J.

VINGTIÈME CONSOLATION.

LE JEU D'ÉCHECS.

Et du terrible mat à regret convaincu.
Regarde encor long-temps le coup qui l'a vaincu.

C'EST assez parler de guerre; sur cet objet, comme sur beaucoup d'autres, la parole est maintenant aux événemens. C'est M. de Chauvelin qui l'a dit; jouons aux échecs. — Vous voulez vous faire battre. — Que le hasard soit neutre, et je parie pour moi. — D'abord, mon cher, il n'y a pas plus de hasard au jeu d'échecs qu'au jeu de la guerre dont il est l'image pacifique; la victoire est toujours du côté du talent ou des gros bataillons.... Commencez donc par arranger vos pièces; votre *roi* n'est pas sur sa *couleur*. — Vous qui parlez, où mettez-vous vos *fous?* Il me semble que de tous temps leur place est au-près du *roi* et de la *dame*. — C'est que dans votre maudit jeu les *fous* et les *cavaliers* se ressemblent à s'y méprendre. — Tirons à qui aura le *trait*. — Je vous le donne; je suis assez fort pour vous faire cet avantage. — J'accepte, je ne suis pas fier, et pourvu que je gagne.... — En at-tendant je prends ce *pion*, auquel vous avez très-étourdiment fait faire *deux pas*, en passant devant le mien.... — Ah! la marche est nouvelle; vous attaquez à la fois mes deux *tours;* elles sont à l'abri de vos coups, je vous en préviens. — Je les tiens bloquées, c'est tout ce qu'il me faut, et je me porte en avant. — Je vois que vous voulez entrer dans mon jeu; libre à vous, je retire mes *cavaliers*, et je vous livre passage. — Et moi je fais *échec* avec mon *fou blanc*. — Je le *couvre* comme vous voyez. — Fort bien, mais j'arrive avec ma *dame*. — Dans ce cas je *roque du grand côté*..... Venez maintenant chercher mon *roi*. — Patience! on finira par se faire jour, ou par le *dépouiller*; j'en réponds sur ma foi.... Mais tandis que je parle, vous faites votre chemin, et vous voilà sur mon terrain. — C'est une petite diversion que je me permets; cette *tour* me gêne, je la prends en échange de la mienne, dont je n'ai plus besoin. — C'est *pièce* pour *pièce*. — Oui, mais notre position respective est changée; je fais *échec au roi* à mon tour. — Pure fanfaronnade que tout cela. Les enfans chantent quand ils ont peur, vous espérez ralentir mon attaque. — En occupant les gens chez eux, comme dit Figaro, on les empêche de se mêler de nos affaires, et quelquefois on parvient à gâter les leurs.... *Échec au roi!* — Comment! au milieu de toutes mes pièces? — Dont j'ai paralysé les mouvemens, et que je vous force à livrer l'une après l'autre : maintenant *échec.* — Je recule. — Nouvel échec. — Je me place derrière ma ligne de *pions.* — Je fais avancer ma *tour; échec* et *mat.* — Point du tout votre *tour* ne fait point *échec*, mais elle me ferme le dernier chemin, mon *roi* n'a plus de *cases;* je suis *pat*, la partie est nulle.

E. J.

VINGT-UNIÈME CONSOLATION.

MÉDITATION.

> Tout se mesure par l'opinion,
> et l'opinion offense plus que
> le mal, et notre impatience
> nous fait plus de mal que
> ceux dont nous nous plai-
> gnons.
>
> CHARRON,
> *de la Sagesse*, liv. III,
> chap. 20.

PEU de gens dans le monde se donnent
la peine de réfléchir. Une constante suc-
cession d'objets nouveaux distrait la pensée;
elle erre librement au dehors et ne se fixe
nulle part; les apparences lui suffisent,
c'est la concentration qui fait sa force, et

on l'obtient plus facilement en prison qu'ailleurs. C'est un avantage dont je jouis en ce moment, et j'en profite quoique je ne l'aie pas sollicité.

Ce qui occupe le plus souvent ma pensée, c'est de savoir jusqu'à quel point je dois m'affliger de ma situation. Nul doute qu'on n'ait voulu m'infliger une peine en m'envoyant à Sainte-Pélagie ; mais si je n'éprouvais aucune peine, si dans mon étroite cellule j'avais l'esprit aussi tranquille que lorsque je méditais dans mon cabinet, si j'étais assez téméraire pour déclarer que je ne suis nullement puni, cette déclaration ne pourrait-elle pas être regardée comme un acte de révolte envers la justice? La subtilité de l'interprétation est poussée si loin aujourd'hui qu'il faut peser toutes ses expressions avec sollicitude. Je ne hasarderai plus un verbe, je ne lâcherai pas une particule sans examiner auparavant s'ils ne renferment pas quelque chose de venimeux dont au premier coup d'œil, je ne m'étais pas aperçu, précaution très-utile pour tous les écrivains libéraux.

« *Il n'y a point de belles prisons.* » Cela est exactement vrai, je ne ferai pas même d'exception pour Sainte-Pélagie. On peut, sans trop aimer les jouissances du luxe, désirer une autre demeure. C'est dans cette maison qu'on recevait autrefois des femmes qui, rassasiées ou plutôt lassées d'une vie licencieuse, sacrifiaient volontairement leurs habitudes au désir du repos. On les nommait, « *Filles de bonne volonté.* » Madame Beauharnais de Miramion, fondatrice de l'établissement, était plus occupée du salut de leurs âmes que des commodités de leur logement ; j'ignore quelles sont les saintes filles qui, avant moi, ont occupé ma cellule ; elles ne devaient pas être difficiles en fait d'habitation. Tout a bien changé depuis madame de Miramion, il n'y a plus à Sainte-Pélagie de reclus de bonne volonté.

Mais je considère qu'en quittant ce réduit je me retrouverai dans mon logis, et que je saurai en apprécier tous les agrémens. Je l'habitais avec indifférence; c'était une chose toute simple. J'avoue même, avec quelque honte, qu'en le comparant aux somptueux appartemens, aux magnifiques hôtels des divers quartiers de Paris, je le trouvais tout-à-fait mesquin. Maintenant je pense à ma maison avec complaisance; elle est commode, délicieuse, d'un goût parfait; j'y rentrerai avec plaisir; je voue même un sacrifice à mes dieux pénates. C'est pourtant Sainte-Pélagie qui a changé en palais ma modeste demeure; n'est-ce pas là une espèce d'enchantement?

Si un philosophe du dernier siècle, un peu trop oublié dans celui-ci, si Robinet n'avait pas inventé le système des compen-

sations [1], je crois que j'aurais eu cet honneur, et c'est à mon nouveau séjour que
je le devrais. Sainte-Pélagie ne présente
pas un inconvénient qui ne soit balancé par
quelque avantage. J'ai donné quelques développemens à cette idée, et j'y reviens avec
plaisir.

Je ne jouis pas du charme qu'on éprouve
lorsque la nature se revêt de sa plus riante
parure. La linotte et le pinson ne viennent
point égayer mon réveil; c'est tout au plus
si quelque moineau effronté s'abat dans le
préau de la prison pour y dérober quelques
bribes du pain des captifs. L'espect des
plaines verdoyantes, de l'émail varié des
fleurs de la saison, ne réjouit point mes
yeux. Cela est vrai, cela est triste; mais ma
femme ou ma fille m'apporte un bouquet

---

[1] M. Azaïs a développé ce système avec talent, et lui
a donné son nom. C'est un peu l'histoire de Christophe
Colomb et d'Améric Vespuce.

de roses que je place auprès des grilles de ma fenêtre ; ces roses, qu'en d'autres temps j'aurais regardées sans émotion, me deviennent chères. Je respire leur parfum avec délices, je m'extasie sur leur fraîcheur, et je les conserve avec un soin extrême. Croyez-vous que de telles sensations n'aient pas leur prix ?

Je suis éloigné de mes amis ; mais il viennent me voir ; leur visite est presque un bienfait et me donne le plaisir de la reconnaissance. Rien n'aiguise la sensibilité comme le séjour de la prison ; les plus simples communications ont alors leur charme. Ce n'est qu'en prison qu'on peut s'entretenir avec intérêt du beau temps et de la pluie. Quant à la guerre d'Espagne, nos murs ont d'excellentes oreilles, taisons-nous !

La liberté même, je n'en connais bien la valeur que depuis que j'en suis privé. Autrefois, je l'aimais comme une chose

bonne en elle-même ; c'était une espèce
d'instinct. J'en jouissais, comme de l'air
qu'on respire, sans m'en apercevoir. J'avais
besoin d'une détention pour l'apprécier di-
gnement. Aujourd'hui, j'aime la liberté avec
passion ; j'en connais, d'une manière positive, tous les avantages. Nous avons, parmi nous, des hommes qui, dit-on, n'ont
aucun penchant pour elle, et se déclarent
même ses ennemis. On cherche à détruire
leur erreur, à leur démontrer qu'il vaut
mieux être libre sous des lois justes qu'esclave des caprices de l'arbitraire : peine inutile ! Je connais un meilleur moyen de per-
suasion : qu'on me les place pour un mois
ou deux à Sainte-Pélagie ; je réponds qu'au
bout de ce temps ils en sortiront amou-
reux fous de la liberté. M. Laurentie lui-
même n'y résisterait pas ; ce serait pour ce
publiciste une rigueur salutaire.

Autre compensation que j'oubliais. On
ne lit bien qu'en prison. Jusqu'ici j'igno-

rais le charme d'une lecture de captif. J'avais le goût difficile, il me fallait des livres choisis avec soin : j'en dédaignais beaucoup que j'exilais sans pitié dans quelque recoin obscur de mes tablettes, à côté d'une *collection de vieux almanachs*, et des *Discours de réception à l'Académie française*. Aujourd'hui je suis bien changé. Tout ce qui peut précipiter la course du temps m'est devenu précieux ; les ouvrages médiocres me paraissent bons, et les bons je les admire jusqu'à l'enthousiasme. Le moindre livre qui me tombe sous la main me devient utile : je serais capable de dévorer jusqu'aux *harangues parlementaires* de M. de Puymaurin.

Ensuite nous avons nos plaisirs particuliers ; nous vivons avec des hommes dont quelques-uns sont de très-bonne compagnie, qui causent bien, et nous entendent parfaitement. On trouve à Sainte-Pélagie des personnes qui seraient bien placées dans les salons les plus polis de la Chaussée-d'Antin. Nous jouissons ainsi d'une conversation aimable et souvent remplie d'intérêt. Il est une autre compensation dont je n'ose parler parce qu'elle est toute matérielle et n'a rien de romantique. J'étais renommé pour ma tempérance; eh bien! depuis ma reclusion, je me surprends à aimer les bons morceaux, et à gronder contre Lenfant [1] lorsque ses mets ne sont pas exquis. En vérité, je ne me reconnais plus : je me croyais stoïque et me voilà presque épicurien.

L'énumération des avantages de la prison m'entraînerait trop loin; je finirai par le plus important de tous. La prison donne du relief à un homme de lettres, elle le tire de pair et le met sur une espèce de piédestal; elle vous donne une date précise

[1] Restaurateur de Sainte-Pélagie, qui mériterait de l'être au Palais-Royal.

dont il est agréable de se servir. Si Dieu me prête vie, je ne manquerai pas de dire, en parlant des événemens passés : « C'était un an, deux ans, trois ans après ma prison de Sainte-Pélagie. » Car il ne faut pas croire que je sois humilié de ma détention : je m'en fais un titre de gloire ; et, à défaut d'autre, je me contente de celui-là ; l'envie la plus acharnée ne pourra me l'enlever. On me traite comme on a traité les plus grands hommes ; c'est quelque chose, et le seul rapprochement me fait plaisir.

Cependant, malgré toutes les délices de Sainte-Pélagie, je commence à compter les jours ; ils sont si beaux au mois de mai ! Il me semble que ce mois favorisé des cieux, et qui me paraissait autrefois si court, est d'une longueur démesurée. Est-ce que le Temps aurait mis dans son horloge plus de sable qu'à l'ordinaire ? Je me surprends même à calculer les heures, occupation peu convenable de la part d'un aspirant à la

philosophie. J'aurais pu cacher cette faiblesse, mais à quoi cela m'eût-il servi?
tant de gens l'auraient devinée!

A. J.

VINGT-DEUXIÈME CONSOLATION.

NINETTE,

ou

LA FILLE DE BONNE VOLONTÉ.

> Ah! de l'amour à la dévotion
> Il n'est qu'un pas.
>
> VOLT.

Du temps de la régence vivait ou plutôt fleurissait à Yvetot, une jolie petite fille du nom de Ninette. S'il faut en croire son portrait, que j'ai sous les yeux en écrivant son histoire, rien de plus gracieux, de plus ravissant n'avait encore paru dans l'étendue de ce royaume, qui n'avait pas moins d'une lieue et demie de circonférence, et dont on ne peut prononcer le nom sans se rappeler ce bon *petit roi* immortalisé par notre Horace.... Aux premiers jours du printemps de sa vie, Ninette avait une taille élégante et flexible, un visage charmant, un sourire enchanteur, et les yeux d'une expression si vive et si tendre, qu'un seul de ses regards enfantins annonçait sa destinée toute entière. Elle était orpheline; le gros prieur d'une abbaye du voisinage s'était chargé de son enfance, et l'appelait sa nièce depuis qu'elle avait atteint sa quatorzième année.

Le prieur tomba dangereusement malade, et, pour des raisons de famille que je n'ai point cherché à approfondir, il se hâta d'éloigner sa nièce avant qu'une volée de cousins attirés par l'espoir de son héritage ne se fût abattue sur le prieuré. Ninette arriva à Paris avec le petit bagage et la petite bourse qu'elle tenait de la munificence de son oncle, qui mourut quelques jours après son départ.

Les mémoires manuscrits, d'où j'extrais cette nouvelle, ne disent pas ce que devint Ninette pendant les quatre premiers mois de son séjour à Paris; je respecterai ce silence de l'histoire, auquel je ne pourrais suppléer que par des conjectures plus ou moins vraisemblables. La seule à laquelle je m'arrête, c'est que l'aimable enfant, inconsolable de la perte qu'elle avait faite, avait pris le parti de cacher dans une retraite profonde son deuil et sa douleur. Ce qui rend cette supposition très-probable, c'est que les roses de son teint et l'éclat de ses charmes avaient disparu lorsquelle se présenta chez les personnes auxquelles le prieur l'avait recommandée, et qui refu- sèrent de la recevoir.

Ninette avait épuisé ses ressources, elle commençait à désespérer de son sort lorsqu'un beau soir d'été, une dame qui la su vait depuis quelque temps sous les arcades de la Place-Royale, l'aborda de la manière la plus affable, et s'insinua si doucement dans sa confiance qu'elle en obtint l'aveu de la situation pénible où se trouvait la pauvre enfant. Elle la complimenta sur sa jolie figure : « Ah! Madame, répondit ingénument Ninette, ce n'est rien; si vous m'aviez vue avant... — Avant quoi? demanda l'inconnue avec une espèce d'inquiétude. — Avant la mort de mon oncle, reprit Ninette en rougissant. — Vous êtes bien jeune, continua la dame en lui serrant la main; avec un peu de soin et de repos, dans un mois il n'y paraîtra plus : venez chez moi, ma chère petite; vous m'intéressez beaucoup, et je veux vous rendre heureuse. — Hélas! bien volontiers, dit Ninette; » et elle suivit sa généreuse protectrice que son carrosse attendait sur le boulevart; elles y montèrent et descendirent dans un fort bel hôtel de la rue Culture-Sainte-Catherine.

Ninette passa quelques semaines dans cette délicieuse habitation sans communiquer avec les jeunes compagnes qu'elle voyait errer autour du pavillon solitaire qu'elle occupait ; quelquefois elle cherchait avec inquiétude à se rendre compte des attentions, des prévenances singulières dont elle était l'objet. Mais elle se rassurait en jetant les yeux sur son miroir; chaque jour elle devenait plus belle, et la confiance qu'elle reprenait dans ses charmes passait facilement dans son esprit et dans son cœur.

Quelque agréable que fût sa situation, la solitude commençait à lui peser, et un jour, en sortant du bain, elle en faisait l'aveu à sa bienfaitrice, qui lui prodiguait elle-même les soins les plus touchans et les plus minutieux.

« Ma fille, lui dit celle-ci, le mal est réparé ; la trace du malheur a disparu , et la fleur de la jeunesse brille de nouveau sur toute votre personne ; il est temps de vous dire qui je suis, où vous êtes, et à quel honneur je vous destine. Je me nomme la Fillon ; à Yvetot ce nom n'est pas connu, mais il est célèbre à Paris : je suis l'*amie* d'un prince, et ma maison est une joyeuse succursale de son ministère. »

Ninette n'entendait pas bien, et avait commencé une série de questions auxquelles la dame paraissait ne vouloir répondre que par de grands éclats de rire : on annonça Monseigneur !

« V. E. vient à propos pour me tirer d'embarras, dit-elle : Ninette arrive de son village, ou, comme elle dit, de son royaume : elle ne sait rien, mais elle a d'heureuses dispositions à tout, et je puis vous assurer qu'elle est digne de votre haute protection. »

Si je faisais un roman je m'amuserais à

décrire cette entrevue du plus immoral, sinon du plus criminel des hommes à barrette, avec une jeune fille de seize ans, d'une ingénuité assez habile pour faire à sa honteuse éminence tous les honneurs d'une première séduction; mais c'est une simple anecdote que je raconte; je cite les faits : le lecteur se charge des réflexions.

A tout âge, dans toutes les situations de la vie, une femme dont le sentiment est fin a toujours plus d'esprit qu'un premier ministre; aussi Ninette parvint-elle à inspirer à celui-ci une passion aussi vraie qu'un homme de ce caractère pouvait l'éprouver.

Il la laissa sous la garde de la Fillon, qu'il rendit responsable de *sa vertu*. En effet, sur quel argus, sur quelle duègne plus sévère aurait-il pu compter? Dans cette maison tout lui était soumis, et chaque jour il avait un rapport fidèle de ce qui s'y était passé la veille.

Le cardinal Dubois avait suivi le précepte

d'Horace dans l'institution de cet établissement : *l'utile* et *l'agréable* s'y trouvaient réunis ; c'était à la fois une agence de plaisir et de police ministérielle : il prétendait que les femmes galantes, par leur penchant naturel à la fausseté, avaient un grand avantage sur les hommes, en affaires politiques, et qu'il est des témoins nocturnes en présence desquels le plus profond diplomate commet toujours quelque indiscrétion. Cette pensée du cardinal l'avait amené à mettre en vogue dans un certain monde les boudoirs de la Fillon, qu'affectionnaient particulièrement les membres du corps diplomatique. Ses agens femelles avaient ordre de redoubler de zèle et d'activité, à une époque où se tramait, contre la légitimité, une conspiration devenue célèbre sous le nom du marquis de Cellamare.

Cependant l'abbé Porto-Carréro, neveu de l'ambassadeur portugais, était parvenu à tromper la surveillance du régent et de son

ministre, tout était préparé pour le triomphe de la cause du duc du Maine, et don Vélasquez, secrétaire d'ambassade, devait par-
tir avec l'abbé Porto-Carréro, dans la nuit,
pour porter à Madrid les dépêches de l'ambassadeur, et le projet définitif d'une conspiration qui devait remettre les rênes de la
régence entre les mains d'un bâtard de
Louis XIV. Cette exposition succincte était
nécessaire à l'intelligence de la suite des
aventures de Ninette.

Dubois, pour la distraire utilement dans
la partie séparée de son harem où elle était
confinée, lui avait fait donner des maîtres
d'agrément de toute espèce; le hasard voulut que son maître de dessin fût aussi celui
de don Vélasquez : la manière dont il parla
de son écolière piqua vivement la curiosité du jeune secrétaire d'ambassade, étonné
de ne pas connaître le trésor renfermé dans
une maison dont il était un des commensaux les plus assidus. Les louanges que le

vieux maître de dessin avait données à don Vélasquez devant Ninette produisirent sur elle le même effet, et comme une femme ne connaît pas de mérite plus grand que celui du goût qu'elle inspire, et qu'il n'y a guère de faiblesse où ne se mêle beaucoup de curiosité, le désir de se connaître fut bientôt égal entre eux. L'or ne tarda pas à lever le seul obstacle qui les séparait : la Fillon ne mit d'autre prix à sa complaisance envers Ninette, que d'être instruite exactement des moindres démarches de ce jeune homme, dont elle pourrait être informée par lui-même.

Ninette, qui ne soupçonnait pas l'importance qu'on pouvait attacher à ces rapports, promit et tint parole.

Cette liaison durait depuis deux mois ; don Vélasquez, toujours plus épris de Ninette, manquait rarement de se rendre chez elle vers le milieu de la nuit, et en sortait à la pointe du jour par une porte du jardin dont il avait la clef.

Un soir il arriva vers neuf heures. Sans être moins tendre, son air était sombre, préoccupé; Ninette l'interrogeait; il répondait par des caresses, et laissait échapper des mots mystérieux qu'elle recueillait sans les comprendre; la nuit avançait, il la pria de permettre qu'il écrivît quelques mots; son billet achevé, il le cacheta et voulut qu'elle en mît elle-même l'adresse, *à son altesse royale madame la duchesse du Maine, à Sceaux.* Puis tout à coup il se lève, cache le billet dans le pli de sa cravate, embrasse tendrement Ninette et s'échappe de ses bras; elle le suit à travers le jardin et ne peut l'atteindre qu'au moment où il monte dans une chaise de poste, où elle distingue une autre personne : ces mots, *route d'Orléans*, qu'il adresse au postillon, sont les derniers qu'elle entendit sortir de sa bouche.

Ninetté, au désespoir, éveille la Fillon, lui raconte tout ce qui vient de se passer, tout ce qu'elle a entendu ; celle-ci se lève en toute hâte, court chez le cardinal Dubois, lui rapporte ce qu'elle vient d'apprendre, sans lui dire précisément de qui elle tient ces renseignemens précieux. Ils viennent à l'appui des soupçons du cardinal, qui dépêche des courriers sur la route d'Espagne ; Vélasquez et l'abbé Porto-Carréro sont arrêtés à Poitiers ; leurs personnes et leurs papiers sont saisis ; la conspiration est découverte, et le fils de madame de Montespan n'obtiendra pas la régence, parce qu'un cardinal avait eu l'esprit de confier à des filles de joie la police du royaume, et qu'un jeune homme n'a pu se décider à quitter Paris sans dire adieu à sa maîtresse. A quoi tiennent souvent les destinées des empires !

La plupart des femmes ne connaissent de perfidie que celle que l'amour leur suggère ; toute autre les révolte. On voulut récompenser Ninette du service qu'elle avait rendu ; non-seulement elle refusa le prix d'une trahison dont son cœur était innocent, mais, en apprenant qu'elle avait causé la perte de don Vélasquez, qu'elle aimait avec passion, elle fit sur elle-même un retour dont la vertu profita.

Du sein de la corruption où Ninette était tombée, elle se releva seule, et trouva dans le sentiment de sa honte la force d'échapper à l'infamie. Le jour même où elle fut prévenue de la visite du Régent, à qui le cardinal devait la présenter, elle sortit de chez la Fillon, par la porte du jardin, dont Vélasquez lui avait laissé la clef, et se rendit dans la maison de pénitence que madame de Beauharnais-Miramion avait fondée vers la fin du 17e. siècle, sous l'invocation de sainte Pélagie, dans la rue du Puits-de-l'Hermite.

Ninette fut reçue dans ce pieux asile

par un vénérable ecclésiastique qui en avait la direction. Véritable modèle de toutes les vertus apostoliques, ce vieillard, sous la figure duquel Raphaël aurait peint la providence, accueillit avec bonté le désespoir de la jeune pénitente, et lui parla même de sa beauté, pour relever à ses propres yeux le mérite de son repentir.

Habile à lire au fond des cœurs, il s'aperçut bientôt que Ninette ne cherchait dans l'amour divin dont elle parut bientôt saisie, qu'à donner le change à des sentimens d'une nature plus humaine; sa dévotion avait jusque dans ses excès quelque chose de terrestre qui n'échappait pas à ce sage et pieux directeur. Ninette voulait se faire religieuse; il la détourna, par de sages conseils, d'une résolution formée dans l'exaltation et non dans le calme de son âme.

« Ma fille, lui disait-il, vous êtes envers
» vous plus sévère que le ciel même; vous
» voulez vous punir pendant toute votre

» vie des erreurs de votre première jeu-
» nesse. Chacun sur la terre a sa destina-
» tion ; vous avez contrarié la vôtre par
» les désordres où vous ont jetée des hommes
» pervers ; vous la contrarieriez encore en
» embrassant un état de perfection auquel
» vous n'êtes point appelée. Vos premiers
» pas dans le monde ont été marqués par
» de grandes fautes ; mais, jeune encore,
» vous pouvez en effacer la trace, et recou-
» vrer la pudeur après avoir connu la honte. »

Les touchantes exhortations de cet excellent homme firent en peu de temps de
Ninette une femme nouvelle ; il décida l'aimable convertie à retourner à Yvetot, où
sa beauté, ses grâces, sa douceur, triom-
phèrent de tous les soupçons et fermèrent
la bouche à l'envie elle-même.

Un jeune descendant de la famille souveraine d'Yvetot conçut pour Ninette un
amour qu'elle crut réprimer en lui faisant
l'aveu sincère de ses fautes : mais cette

confidence ne fut anx yeux de son amant que la preuve d'une nouvelle vertu; ils s' pousèrent, et la fille de *bonne volonté* devint la plus fidèle épouse, la plus tendre des mères et la meilleure des femmes.

Cette retraite ouverte *aux filles de bonne volonté*, par madame de Beauharnais-Miramion, et dans laquelle une autre dame de Beauharnais fut enfermée au temps de la terreur, est maintenant une prison pour les débiteurs, pour les vagabonds et pour les hommes de lettres; on voit qu'elle a changé tout-à-fait de destination.

E. J.

N°. XXIII. — 12 *mai* 1823.

VINGT-TROISIÈME CONSOLATION.

REMARQUES SUR LES MAISONS DE DÉTENTION.

Nous nous promenions jeudi dernier, mon compagnon de captivité et moi, sous l'arcade du préau de Sainte-Pélagie, et nous parlions de la manière dont les maisons de détention sont administrées en France. « Il serait injuste, me disait-il, de ne pas reconnaître les améliorations qui ont été introduites dans leur régime depuis la révolution. L'impulsion donnée à cet égard par l'esprit philosophique ne s'est point encore ralentie ; elle a produit et produira d'heureux effets. Par exemple, s'il est injuste et cruel d'assujettir des hommes honnêtes, qui n'ont encouru de reproche que pour leurs opinions, à des travaux auxquels leur éducation ne les a point préparés, c'est un bienfait pour les vagabonds, pour les êtres dépravés et ignorans que la justice renferme dans les prisons; l'oisiveté, la plupart du temps, les jette dans le vice, et en leur donnant l'habitude du travail, on les dispose à l'ordre, et on fait naître en eux le respect de la propriété; ils apprennent, pour me servir d'une phrase populaire, ce que coûte et ce que vaut l'argent. Comme ils mettent à part un tiers de leur gain journalier, ils se forment un pécule, un petit capital. Ils doivent en apprécier la valeur, et peuvent le faire fructifier lorsqu'ils rentrent dans le monde avec une industrie dont l'exercice, s'ils ne sont pas entièrement corrompus, est devenu un besoin pour eux. »

— « Tout ce que vous me dites à ce sujet est parfaitement juste : personne n'est plus disposé que moi à reconnaître le bien partout où il se trouve ; mais, à côté des améliorations dont vous me parlez, je vois des abus intolérables, et que j'excuse d'autant moins qu'il serait très-aisé de les faire disparaître. Examinons d'abord les localités. N'est-il pas surprenant qu'en France, dans un pays qui se glorifie de sa civilisation, on ne construise, ou, si vous l'aimez mieux, on n'accommode pas des bâtimens qui puissent répondre aux vues qu'un gouvernement sage doit se proposer en établissant des maisons de détention? Est-il convenable, par exemple, que dans un édifice tel que Sainte-Pélagie on trouve, sous le même toit, des prisonniers d'espèces si différentes, tels que les détenus pour dettes, pour délits politiques et littéraires, pour vol, escroquerie et vagabondage, sans compter cette foule d'enfans qui devraient être l'objet de soins assidus et particuliers ? »

— « Je ne conteste point les abus dont vous me parlez, et il serait à désirer qu'une partie des fonds publics qu'on dépense en somptueuses inutilités, pour ne rien dire de plus, fût consacrée à construire des maisons de détention qui pussent satisfaire à tous les besoins de leur destination. Mais le mal se fait vite, et le bien ne s'opère qu'avec l'aide du temps. Vous savez que, sur la proposition de M. de Laborde, on parle d'établir quatre maisons séparées pour les enfans détenus. »

— « On en parlera probablement long-temps avant que le projet soit réalisé. Tel est le caractère des Français : prompts à concevoir, remplis d'enthousiasme pour les réformes reconnues utiles, et d'une lenteur désespérante dans l'exécution. La mobilité de leur caractère les fait passer avec rapidité d'un objet à l'autre, et leur attention ne se fixe nulle part; peuple d'ailleurs actif, entreprenant, plein d'honneur et de courage, et qui deviendrait facilement la première nation du monde si.... »

— « Prenez garde à ce que vous allez dire; nos murs ont de bonnes oreilles! »

— «Soyez tranquille; ce que j'allais dire, je le dirais sans la moindre hésitation devant M. Jacquinot de Pampelune. Oui, nul peuple ne s'élèverait au-dessus des Français si toutes les parties du gouvernement constitutionnel étaient d'accord entre elles; si toutes les institutions promises par la charte étaient fondées; si nous n'étions pas retenus dans ce labyrinthe de lois révolutionnaires ou impériales qui sont si favorables à l'exercice de l'arbitraire, et qui corrompent par un impur mélange le régime d'une sage liberté; si enfin l'administration s'occupait un peu moins de ses intérêts particuliers, et beaucoup plus des intérêts réels de la société.

» Prenons les prisons pour exemple. Qui est-ce qui empêcherait d'améliorer ce dé-pôt nommé *Préfecture*, où les détenus pour délits correctionnels sont placés à leur arrivée à Sainte-Pélagie, où ils se pervertissent mutuellement, où ils respirent un air corrompu et peuvent contracter de dangereuses maladies? Ne serait-il pas facile de les déposer dans des chambres séparées, où ils auraient un lit et les autres meubles indispensables? Serait-il si difficile de leur donner une nourriture plus substantielle, en ayant égard aux genres de travaux dont ils sont chargés? Les ouvriers eux-mêmes, tout en soignant le matériel de leur existence, ne pourrait-on rien faire pour le moral? Il en est beaucoup parmi eux qu'on pourrait retirer des routes du vice et rendre à la société améliorés par d'honnêtes penchans. Mais vous voyez combien cette partie si essentielle est négligée dans les ateliers où plusieurs détenus travaillent en commun. Les propos licencieux n'y sont pas même réprimés. On ne peut que gémir sur une telle imprévoyance. Je voudrais, dans l'intérêt de l'humanité, que ces gens, dont il ne faut pas désespérer, fussent traités avec une indulgence mêlée à propos de sévérité ; qu'on se fît un devoir de les éclairer sur leur état par des instructions propres à les ramener à la vertu, et qui fussent dégagées d'accessoires au-dessus de leur intelligence ; que ceux qui s'amenderaient, qui se feraient remarquer par leur décence, leur industrie, même leur propreté, reçussent des encouragemens. »

— « Sans doute il n'y aurait rien de mieux ; mais de la théorie à la pratique la distance est grande. Il faut qu'il y ait unité dans un système. Comment pourriez-vous l'obtenir lorsque dans cette maison, par exemple, il y a deux chefs, le concierge et l'économe, qui dans leur partie respective sont indépendans l'un de l'autre, et ne peuvent répondre de l'ensemble? Cependant l'ordre de discipline et l'ordre économique devraient reposer sur une même base, et se lier étroitement pour arriver à un résultat satisfaisant. Il faudrait de l'harmonie, et vous voyez que dans l'état actuel des choses elle ne peut exister. »

— « C'est la faute de l'administration. J'ai vu des maisons de détention dans les États-Unis, qui pourraient servir de modèle aux nôtres. On les nomme *penitentiary houses*, maisons de pénitence, et il n'y règne aucun des abus dont nous venons de parler. M. de la Rochefoucault–Liancourt a fait parfaitement connaître le régime de ces établissemens dans un excellent ouvrage intitulé : *Des Prisons de Philadelphie.* On y voit tout ce que des hommes sages peuvent faire lorsqu'ils sont animés d'un véritable esprit de philanthropie. J'ai vu moi-même la maison de pénitence de New-York, et je ne crois pas qu'il y ait au

monde de prison de ce genre mieux admi-
nistrée. Il est bien rare que ceux qui s'y
trouvent en détention ne se corrigent pas
de leurs penchans vicieux ; ils en sortent
sans flétrissure, et ceux qui mènent une
bonne conduite reprennent tous leurs droits
à l'estime de leurs concitoyens. Je me rappelle un exemple frappant de ces conver-
sions. Il fut accompagné de circonstances si
extraordinaires qu'il est resté dans mon souvenir, et que probablement il n'en sortira
jamais. »

— « Vous excitez ma curiosité ; racontez-
moi donc cet événement afin que je puisse
juger s'il est aussi remarquable que vous
le prétendez. »

— « Cela nous prendrait un temps considérable ; j'aurais quelques caractères à
peindre, une action à raconter, et tout cela
rend nécessaires des développemens assez
étendus. Il ne faut pas accorder facilement

la parole à un voyageur lorsqu'on veut ménager son temps. »

— « Ménager un temps de prison ! voilà une bonne idée ; je donnerais, parbleu ! le mien à celui qui voudrait le prendre. Racontez-moi donc votre histoire, cela nous distraira pendant quelques heures. Ce sera toujours autant de gagné. »

— « Eh bien ! je vais vous transporter dans un autre monde. Je fais disparaître vingt et une années de ma vie ; je me retrouve à New-York. »

A. J.

VINGT-QUATRIÈME CONSOLATION.

LE PASSÉ, L'AVENIR.

> Liberté, tu seras toujours douce, et le pain le plus amer te devra une agréable saveur. STERNE.

ENTRE nos vieux poëtes, que j'ai vus tomber dans un mépris tel, qu'on leur préférait les Dorat, les Voisenon et même les Vigée, j'aime surtout le bon Philippe Desportes.

Chanoine de Saint-Josaphat, Tyron, et autres lieux, ce poëte chartrain me paraît quelquefois aussi supérieur au vieil Anacréon, que celui-ci l'est à M. Alissan de Chazet.

On sait que Desportes est l'auteur de la délicieuse villanelle qui a pour refrain :

« Nous verrons, volage bergère,
» Qui premier s'en repentira ; »

et d'une autre chanson qui se termine par ces deux vers :

« Je sers une dame infidèle
» Et ne puis cesser de l'aimer. »

Je n'examine pas si le chanoine de Saint-Josaphat était régulier, du moins dans sa conduite, et si ses amours avec *la volage bergère* et *la dame infidèle* étaient bien orthodoxes ; mais je sais, et cela me suffit , que ces deux petites pièces de vers sont des modèles de grâce et de sensibilité.

Je me suis amusé aujourd'hui à feuilleter les six volumes de différens formats dont se compose la gloire poétique de Desportes, et j'ai marqué d'un large et profond onglet (désespoir des bibliophiles), une page où se trouvaient les vers suivans.

En les citant, je fais assez connaître l'intérêt de circonstance qu'ils avaient pour moi.

« Douce liberté désirée,
» Déesse, où t'es-tu retirée,
» Me laissant en captivité?
» Hélas! de moi ne te détourne!
» Retourne, ô liberté, retourne,
» Retourne, ô douce liberté!

» Quel charme ou quel Dieu plein d'envie
» A changé ma première vie,
» La comblant d'*infélicité!*
» Et toi, liberté désirée,
» Déesse, où t'es-tu retirée?
» Retourne, ô douce liberté!

» Las! donc, sans profit je t'appelle,
» Liberté précieuse et belle!
» Mon corps est trop fort arrêté :
» En vain après toi je soupire,
» Et crois que je puis bien te dire
» Pour jamais adieu, liberté! »

Je m'étais d'abord laissé entraîner au charme d'une poésie douce et simple, si supérieure, du moins à mon oreille, à tout ce cliquetis de paroles, à ces riens sonores qui résonnent sur la lyre moderne ; mais au dernier vers ,

« Pour jamais adieu, liberté! »

mon imagination, à qui la solitude ajoute sa puissance, prend encore une fois son vol et me rend présent à toutes les horreurs de cette captivité qui ne finit qu'avec la vie...

Te voilà donc, être misérable à qui des hommes osent ravir la lumière des cieux ! Le soleil embrase l'horizon ; je te demande à quelle heure du jour tu crois être, et tu me réponds qu'il est nuit, qu'il est toujours nuit ; il n'y a pour toi qu'un point dans la durée, comme il n'y a qu'un point dans l'espace. Parle cependant, mortel infortuné ; es-tu ce Latude victime du caprice d'une courtisane? Ce malheureux Trenck, sacrifié à l'orgueil du trône? Es-tu ce grand citoyen, ce La Fayette, victime de là li-

berté même ? ce vertueux Barnevelt ?... Réponds !...

Je l'interroge en vain ; ils ont éteint sa
pensée, écrasé son intelligence ; sa langue
ne sait plus articuler que ces mots, J'ai
faim : un pain noir tombe de la voûte ; il
se traîne sur la paille infecte et se saisit
avec avidité de l'aliment grossier qu'il dévore ; le plus vil des animaux n'est ni plus
vorace ni plus stupide.

C'est ainsi que l'homme civilisé traite
son semblable.... et les auteurs de ces longs
assassinats parlent d'un Dieu rémunérateur
et vengeur !... Misérables, vous n'y croyez
pas, ou vous êtes encore plus imbéciles que
méchans.

Je m'interrogeais moi-même au sein des
cachots où mon âme était plongée : Je me
demandais combien de soupirs Mirabeau
avait étouffés dans son donjon ; combien de
fois Fouquet avait dû compter et recomp-
ter les clous énormes qui garnissaient la

porte de son cachot; combien de fois ce rayon éclatant qui passait au-dessus du guichet du Tasse avait dû frapper son œil altéré de lumière; comment Galilée avait pu chaque matin se proposer et résoudre un nouveau problème astronomique, en mesurant l'angle formé par l'ombre projetée sur le mur de sa prison. Tour du Temple, donjon de la Bastille, *trou noir* de Calcutta, repaires affreux où les Dalmates enterrent leurs prisonniers; pontons des Anglais, où leur cruauté plus ingénieuse a trouvé l'art de faire flotter la peste, l'enfer et la mort; cachots de la Conciergerie, où la même furie, sous un masque différent, plongea tant d'innocentes et tant d'illustres victimes; ouvrez-moi vos gouffres profonds, et laissez-moi compter les pleurs, les soupirs, les gémissemens dont vous avez été les témoins!...

La pensée ploie sous de trop affreuses images, comme le corps sous des fardeaux trop pesans, et l'imagination, semblable à l'oiseau que vient d'effleurer un plomb homicide, fuit avec la rapidité de l'éclair, s'emporte et ne s'arrête que dans des régions inconnues. Qu'on dorme ou qu'on veille, le privilége du songe est de prendre absolument le contre-pied de la réalité.

Les yeux tout grands ouverts, assis plutôt qu'étendu sur mon lit, je voyais distinctement les rives de la Seine; sur ces quais majestueux, de longues allées de rosiers en arbres, et d'orangers acclimatés en pleine terre, mêlaient toutes les pompes de la nature à celles de l'industrie : tout était changé, je lisais sur le Louvre, COMMERCE; sur l'Institut, GÉNIE; sur l'École militaire, PATRIE; sur la chambre législative, LIBERTÉ.

Mon étonnement redoubla à la vue des flots d'un peuple immense qui couvraient le Champ-de-Mars et les deux rives de la Seine : quel délire du bonheur, quelle fête!... c'était celle des nations : je reconnaissais, à leurs costumes différens , tous les grands peuples de la terre : j'errais avec ravissement au milieu de cette foule joyeuse et cordiale , où tout le monde parlait la même langue et semblait animé du même esprit. Mais pourquoi cette allégresse ?

Le *monde était libre*, et Paris était le siége du grand congrès des peuples souverains, représentés par leurs chefs , sous les noms de président , de roi , d'empereur, de sultan , de doge , de lama , de scha , de pèscha , de rajha , de bey , de dey , de nabab , etc.

A l'extrémité des Champs-Élysées s'élevait un monument superbe , dont l'arc triomphal de l'Étoile formait l'entrée principale ; ce palais avait quatre façades , sur chacune desquelles on lisait un de ces mots, *constitution* , *liberté* , *paix* , *justice* ; ce palais du congrès universel avait reçu le nom de *Capitole* , et l'auguste assemblée, qui ne se réunissait que tous les vingt-cinq ans, célébrait alors pour la première fois les jeux séculaires institués en l'honneur de sa fondation.

Croira-t-on que ce qui me surprenait davantage au milieu de tant de merveilles, auxquelles mon admiration ne pouvait suffire, c'était de me trouver à une fête à laquelle assistaient quelques millions d'individus et où je ne voyais pas un seul gendarme? J'en faisais la remarque à un vieux brame de mes amis que j'avais quitté il y a trente ans au bord du Gange et que je rencontrais sur le bord de la Seine, se promenant avec le curé de Saint-Sulpice : « Les effets cessent, me dit-il, quand les causes n'existent plus : tout a changé sur la terre, la philosophie règne d'un bout du monde à l'autre, la puissance est sans orgueil, la force sans abus, la faiblesse sans lâcheté ; que serviraient aujourd'hui les geôles, les bourreaux, les espions, les libellistes, les censeurs et tous les agens visibles et invisibles de ce pouvoir qu'on appelait jadis la police? Le congrès est en séance, entrez avec nous, les discours que vous allez entendre vous feront connaître toute l'étendue de la réforme générale qui s'est opérée dans les mœurs et dans la politique des nations...» Tous ceux qui se présentaient pour entrer au Capitole portaient à la main un rameau d'olivier; on m'en offrait un, je le saisis avec empressement.... Hélas! je n'avais empoigné qu'un des énormes barreaux de ma fenêtre.... Je repris mon livre, et je répétai avec Desportes, en continuant ma lecture :

« Retourne, liberté, retourne !
» Retourne, douce liberté! »

E. J.

VINGT-CINQUIÈME CONSOLATION[1].

LA PRISON DE NEW-YORK.

> Un bon législateur s'applique plus à
> donner des mœurs qu'à infliger des
> supplices.
>
> MONTESQUIEU.

C'ÉTAIT en 1794; je témoignai un jour au docteur Brown, célèbre médecin de New-York, le désir de visiter la prison d'état, ou *Maison de pénitence*[2] de cette ville. « Je sais, lui dis-je, que cet établissement

---

[1] Voyez la fin de la seizième Consolation.
[2] *State-prison, or penitentiary house.*

mérite úne attention particulière, surtout de la part d'un Européen. Vous êtes dirigés dans toutes vos institutions par des principes de justice et d'humanité qui sont reconnus en Europe, mais qui de long-temps peut-être ne recevront d'application. Vous agissez, tandis que nous dissertons. On sent chez nous tous les vices du système actuel des prisons. Ici, vous mettez la main à l'œuvre, vous corrigez les vices que vous apercevez, vous détruisez les abus à mesure qu'ils naissent; l'expérience vous éclaire et vous savez profiter de ses leçons. »

— « Il ne faut pour cela que du bon sens, me répondit le docteur. C'est une qualité qu'on peut avouer sans orgueil. Avant de former une entreprise, nous examinons d'abord quel en est le but, et ensuite quels sont les meilleurs moyens pour y parvenir. Les moyens les plus simples et les plus directs obtiennent toujours la préférence. Prenons les prisons pour exemple.

Quel est l'objet que la société se propose en condamnant un de ses membres à la détention? Il est facile de répondre à cette question. On veut 1°. qu'une injure étant faite à la société, celle-ci en reçoive la réparation afin que la crainte de la peine prévienne les délits de même nature; 2°. que la peine soit un moyen d'amélioration pour le coupable, qui devant, à une certaine époque, être remis en liberté, pourrait de nouveau en faire un criminel usage, si ses penchans et ses habitudes n'étaient pas changés.

» Voilà le but, voici les moyens. Le régime de nos prisons, tel qu'il est suivi, conduit graduellement les prisonniers à l'oubli de leurs anciennes habitudes, à la connaissance et à l'amour de leurs devoirs. L'injustice, l'arbitraire, le mauvais traitement sont inconnus dans les maisons de pénitence; car loin de disposer l'âme au repentir, ils la remplissent d'amertume et d'irritation. Les prisonniers, constamment employés à des travaux productifs, subviennent aux frais de leur détention, ne connaissent point les dangers de l'oisiveté, et se préparent des ressources pour un meilleur avenir.

» Mais il serait trop long de vous conter ces choses en détail, il vaut mieux que vous les examiniez vous-même. Il fait un temps superbe, allons à la maison de pénitence. Ce sera le but de notre promenade. Vous verrez, et vous jugerez. »

Chemin faisant, nous réfléchissions sur les causes et les effets de la dépravation humaine. Le docteur Brown me dit : « Les vices sont des maladies de l'âme rarement incurables, mais il faut savoir les traiter ou les prévenir. Si j'avais du loisir je composerais un traité d'hygiène morale qui mettrait sur la voie des hommes plus habiles que moi. Ils pourraient rendre un grand service à l'humanité. Dans nos prisons, tout en prenant soin du corps, nous cherchons à guérir l'âme, et le succès répond presque toujours à notre désir. On instruit les détenus, on les plie à des mœurs régulières, on les accoutume au travail, et sur cent individus qui sortent de la prison, il n'y en a pas deux qui soient repris de justice. Ce résultat est la preuve la plus concluante de la bonté de notre système. »

Le docteur avait à peine fini ces mots que nous arrivâmes à la porte de la maison.

La principale façade de cet édifice donne sur la rue de Greenwich ; elle a deux cent quatre pieds de longueur. Deux ailes s'avancent, de chaque extrémité, vers la rivière d'Hudson, et se terminent par deux autres ailes de moindre grandeur. Au-dessus du soubassement sont deux étages d'une hauteur proportionnée à l'élévation du bâtiment. Le toit, couvert en ardoise, est surmonté d'une élégante coupole. Les murs, construits en pierre de taille d'une couleur sombre, s'accordent avec la destination de l'édifice ; leur aspect seul annonce la demeure du crime et du repentir. L'aile du nord renferme une vaste salle entourée de galeries ; c'est l'église de la prison.

Un hangar bâti en briques s'étend sur le derrière d'une cour spacieuse et contient tous les ateliers de la maison. Dans la cour intérieure sont établies deux pompes, qui fournissent une eau excellente. On a creusé dans cette même cour un grand réservoir où les prisonniers se baignent fréquemment pendant l'été. Un jardin, d'une étendue convenable, a été dessiné au midi. Toute l'enceinte occupe un espace d'environ huit arpens.

Au moment où la porte s'ouvrait pour nous recevoir, nous aperçûmes l'un des inspecteurs de la maison, ami intime du docteur Brown, qui nous accueillit obligeamment. M. Patterson est l'un des sept inspecteurs de la prison d'état. Ils sont nommés par le gouverneur et son conseil; ils doivent, aux termes de la loi, se former en comité au moins une fois par mois. Ce comité nomme à chaque réunion deux de ses membres, qui, sous le titre de visiteurs, ont la surveillance générale de la maison. Ils s'assurent si les prisonniers sont traités avec humanité et justice, si l'ordre, la décence, et la propreté sont maintenus. Ils reçoivent les réclamations des détenus et décident provisoirement sur tous les sujets de plainte; ils observent le caractère et la moralité des prisonniers, exhortent les méchans, encouragent les bons, et font régulièrement leurs rapports au bureau central.

M. Patterson, nouvellement choisi pour visiteur, nous dit qu'il venait de se faire remettre la note du nombre des prisonniers, de la nature de leurs travaux, de la quantité des malades, enfin de tous les événemens remarquables qui depuis un mois s'étaient passés dans l'enceinte de la prison. Il avait ordonné la punition d'un gardien qui , dans un moment de colère , avait maltraité un détenu.

Tandis que nous étions à causer avec l'inspecteur, un des gardiens de la maison vint lui annoncer l'arrivée d'un nouveau prisonnier. « Nous n'avons jamais vu chose pareille , ajouta-t-il, c'est le scélérat le plus déterminé qu'il soit possible de voir. Ce n'est qu'après la plus vigoureuse résistance qu'on s'est assuré de lui. Il a fallu dix hommes pour en venir à bout, et il en a blessé trois grièvement. Tout enchaîné qu'il est , il voudrait se débattre encore , et on ne peut l'approcher qu'avec précaution. »

— « Et où est-il maintenant ? demanda l'inspecteur. — Au greffe, avec le geôlier, deux gardiens et quatre constables. »

— « Suivez-moi, nous dit l'inspecteur, je veux parler moi-même à cet homme, et le ramener à une situation plus tranquille.

Je lui ferai comprendre la folie d'une révolte contre la nécessité. »

Je n'oublierai jamais le spectacle qui s'offrit à mes yeux lorsque nous entrâmes dans la salle du greffe. J'aperçus un jeune homme d'une taille élégante, du visage le plus noble, que le mouvement convulsif d'une furieuse indignation n'avait pu parvenir à défigurer. Je le considérai avec attention. Ses yeux pleins de feu annonçaient une âme ardente. Il avait à côté du sourcil gauche une légère cicatrice qui ajoutait à l'expression de sa physionomie. Ses cheveux, d'un châtain clair, faisaient ressortir la blancheur animée de son teint. Il était en tout si remarquable que je le peindrais encore de souvenir si je savais manier le pinceau.

Ce malheureux avait les pieds et les mains liés avec de grosses cordes, et il était soutenu par deux hommes qui avaient la frayeur peinte sur le visage.

« Qu'on détache ces liens ! » dit gravement le vénérable inspecteur.

« Prenez garde à ce que vous allez faire, répondit l'un des constables. C'est un furieux, capable, s'il est remis en liberté, d'assommer toute la prison. Il vaudrait mieux, maintenant qu'il est garrotté, le jeter tout simplement dans un cachot, et l'y laisser mourir de faim. C'est une bête féroce qu'on n'apprivoisera jamais. »

— « Ne parlez pas ainsi, répliqua l'inspecteur, n'insultez pas à l'humanité, même dans ses plus déplorables égaremens. Qu'on me donne le bulletin du prisonnier ! »

Le constable lui remit, selon l'usage, un papier qui renfermait en abrégé le récit du crime pour lequel le prisonnier avait été condamné, des circonstances de son procès, et un aperçu de son caractère, tracé d'après des informations prises sur sa vie passée.

Après avoir lu attentivement ce bulletin. « Henry Fitz-Allan, dit M. Patterson, je vais faire détacher vos liens. Promettez-moi de vous abstenir de tout acte de violence. Elle serait inutile, et vous exposerait à des mesures de rigueur que vous pouvez éviter. »

— « Je ne promets rien, répliqua le prisonnier d'un ton farouche ; hommes injustes et barbares, délivrez-moi de la vie, c'est le seul service que vous puissiez me rendre. »

— « Est-ce que vous doutez de la justice de votre condamnation ? N'avez-vous pas attaqué Patrice Burke, votre compatriote, ne l'avez-vous pas mis en danger de la vie ? »

— « Les lois me refusaient justice, je me la suis faite à moi-même, j'ai usé de mon droit naturel. »

— « Le droit de se rendre justice à soi-même existe dans les forêts qu'habitent les sauvages, mais non dans les sociétés policées. »

— « J'ai quitté mon pays pour venger une injure ; je croyais trouver la liberté dans cette république si vantée : me voilà dans les fers. »

— « Le crime vous y a conduit, la justice vous y retient, le repentir peut vous en tirer. Est-ce la liberté du crime que vous comptiez trouver parmi nous ? Vous l'auriez plutôt rencontrée sous le despotisme ; c'est là seulement qu'elle peut exister. »

— « Je me sentais né pour le commandement, et je suis esclave. »

— « Esclave du vice, j'en conviens. La vertu peut briser cette servitude. »

— « Que voulez-vous faire de moi ? »

— « Un honnête homme, un bon citoyen, vous donner des idées justes, vous inspirer des sentimens honorables, adoucir la férocité de vos mœurs, vous habituer à l'ordre et au travail. »

— « Que dites-vous ? des travaux forcés ! »

— « Non, vous solliciterez vous-même le travail comme une faveur. »

— « Jamais ! »

— « Avant trois jours. Mais vous souffrez ; votre situation m'afflige. »

— « Est - ce que vous plaignez mon sort ? »

— « De toute mon âme ; et je voudrais l'adoucir. » Ici M. Patterson jeta de nouveau les yeux sur le bulletin, parla bas à l'un des constables, et, revenant au prisonnier, lui dit avec véhémence : « Malheureux, vous vous désespérez, et vous avez une mère ! »

A ces mots la physionomie du jeune homme éprouva une altération soudaine. Ce nom de mère avait pénétré jusqu'au fond de son cœur, et, malgré tous les efforts qu'il faisait pour se contenir, de grosses larmes paraissaient prêtes à tomber de ses yeux.

« Détachez ses cordes, dit M. Patterson

d'un air ému, il n'y a plus rien à craindre ; je réponds de tout. »

Henry Fitz-Allan gardait le silence. Les nœuds des cordes étaient si fortement serrés qu'on fut obligé de les couper. Cette opération finie, l'inspecteur dit au gardien : « Vous voyez que les vêtemens de ce jeune homme sont en pièces, que son corps est couvert de poussière, conduisez-le au bain, et donnez-lui un habillement propre. Vous nous le ramènerez ensuite. Fitz-Allan, suivez cet homme, et souvenez-vous que vous avez une mère ! »

A ces paroles prononcées d'un ton patriarcal, Henry baissa la tête, et sortit sans proférer un seul mot.

« Il est vaincu, nous dit l'inspecteur ; j'ai vu par son bulletin que sa mère réside à New - York, dans Broad - Street ; je l'ai envoyé chercher. Sa présence était le dernier moyen que je voulais employer, et il était infaillible. Nous n'avons pas eu besoin d'en venir là. Je parierais bien que le cœur de ce jeune homme n'est pas entièrement corrompu. On me l'a dépeint comme un dissipateur adonné au jeu et à la débauche, et capable des plus grands excès. Nous lui ferons suivre un régime approprié à ce genre de maladie. Les liqueurs fermentées lui seront interdites ; une nourriture saine et rafraîchissante adoucira son sang, une occupation régulière fixera son imagination, et de sages conseils éclaireront son esprit. Nous en ferons un homme nouveau. »

Je hasardai alors une parole et je dis à l'inspecteur : « Mais s'il s'obstine à ne pas travailler ? »

— « Cela ne s'est jamais vu, répondit M. Patterson. Nous avons pour vaincre l'obstination des prévenus *le confinement solitaire*. Ce sont des cellules de huit pieds sur six de largeur, et de neuf d'élévation. Elles sont très-propres, bien aérées, éclairées par un jour qui vient d'une large fenêtre percée à la hauteur de huit pieds, mais sans autres meubles qu'un bois de lit, un matelas, des draps et des couvertures. C'est là que nous renfermons le prisonnier qui refuse de travailler. Il y jouit du loisir le plus complet, et ne communique même avec le silencieux porte-clef qu'une fois par jour, lorsque celui-ci lui apporte sa nourriture. Jamais un détenu, quelque opiniâtre qu'il fût, n'a supporté plus de deux jours cet abandonnement total de tout être vivant, cette solitude, ce silence que nulle voix humaine ne vient interrompre. Il réclame bientôt le travail comme un bienfait, et il est très-rare qu'il s'expose deux fois à ce redoutable isolement. »

— « A quel genre de travail destinez-vous ce jeune homme? »

— « Il choisira lui-même. Nous avons dans la maison des métiers de tisserands, des établis et des outils de menuisiers, des boutiques de cordonniers, de tailleurs.

Quelques détenus sont employés à scier du marbre, à le polir, à faire des copeaux de bois de cédre, à broyer du plâtre, à carder de la laine, à battre du chanvre. Les plus faibles, les plus maladroits, épluchent de la laine, du coton, du crin, de l'étoupe. Chacun est payé à raison de son travail. Je serais bien surpris si le nouveau détenu, qui a beaucoup de forces à dépenser, ne choisissait pas l'état de menuisier ; c'est un des plus lucratifs. Mais j'aperçois qu'on nous le ramène, vous le trouverez plus calme et plus raisonnable. »

Henry Fitz-Allan reparut en effet. Toute son énergie semblait retirée dans son âme, et nulle trace de fureur n'altérait la beauté singulière de ses traits. L'habillement de la maison qu'il avait revêtu était propre, commode et décent.

« Je vous revois avec plaisir, lui dit l'inspecteur ; prenez courage, mon ami, je vois que vous n'êtes âgé que de vingt-trois ans. Ainsi vous avez devant vous un long avenir. J'ai appris que Patrice Burke votre antagoniste était hors de danger. Vous n'aurez donc à subir que trois ans de détention, et vous pouvez même en abréger la durée par une conversion totale et une conduite régulière. J'aurai les yeux sur vous ; le gouverneur a de l'amitié pour moi, et il pourra user de sa prérogative en votre faveur si vous vous rendez digne du bienfait de la liberté. »

Comme M. Patterson achevait ces paroles, une femme âgée, c'était la mère du prisonnier, se précipite au milieu de nous et tombe dans les bras du jeune homme. Qui pourrait peindre cette scène de douleur, qui pourrait rendre les gémissemens d'une mère, redemandant son fils et pleurant sur son malheur ? Ce fut alors que l'émotion du prisonnier, si long-temps contenue, éclata sans mesure. Il versait des torrens de larmes sur les cheveux blancs de sa mère, de la seule amie qui lui restât au monde. Opprimé de sanglots, il la pressait sur son cœur. Bientôt après, il la repoussa.

« Éloignez-vous, lui dit-il, pourquoi vous êtes-vous attachée à mes pas ? Que n'êtes-vous restée dans notre petite demeure ? Vous y auriez vécu en paix: Mais je vous retrouve toujours près de moi; partout où le malheur m'a conduit je n'ai pu vous éviter. Faible, âgée comme vous êtes, pourquoi traverser les mers et suivre un fils voué dès sa naissance à la mauvais fortune?»

— « Mon fils ! mon fils ! » Telles étaient les seules paroles de la pauvre femme.

— « Retournez à Derrimore, dans ce lieu que j'ai tant aimé et que je ne reverrai plus ! Allez retrouver nos bons voisins qui vous chérissent, et ne leur parlez jamais de moi. Laissez-moi mourir ici de honte et de désespoir. »

— « Non, tu ne mourras pas, s'écria la vieille femme, en prenant les mains de son fils. Je ne te quitte plus, je veillerai sur toi. Je t'ai nourri de mon lait, je t'ai bercé sur mon sein, et tu dois me fermer les yeux. »

— « Vous avez raison, dit M. Patterson, ce serait le devoir de votre fils de soutenir votre courage, et c'est vous qui cherchez à lui donner de l'énergie ! Consolez-vous tous les deux. Engagez votre fils à la docilité, à la résignation. Ce malheur qui vous paraît si terrible deviendra peut-être un jour pour vous deux une source de félicité. Vous avez deux heures pour vous entretenir librement. Ce temps écoulé, ajouta l'inspecteur, en se tournant vers le gardien, vous conduirez le prisonnier dans la chambre qui lui est destinée, et vous l'instruirez de ses premières obligations. Henry, dit l'inspecteur en s'adressant de nouveau à Fitz-Allan, songez que vous êtes ici sous l'empire de la loi, que nulle puissance humaine ne peut vous y soustraire. Votre mère vous rendra visite deux fois par semaine; une mauvaise conduite pourrait seule vous enlever cette consolation. »

— « Que Dieu vous bénisse ! répondit la bonne femme en sanglotant, que Dieu vous bénisse ! je ne croyais pas trouver ici de la pitié. »

Nous sortîmes avec l'inspecteur qui nous dit : « Je prévois que le caractère de cet homme nous donnera de l'occupation. Il y a bien un fonds de sensibilité dans son âme, mais je crains que l'habitude du vice et la violence des passions ne résistent long-temps au régime qu'il sera forcé de suivre. Ce serait dommage; les mêmes facultés dont il a fait un coupable usage pourraient, avec une autre direction, l'élever à une place honorable dans la société. J'avoue qu'il m'intéresse et je ne le perdrai pas de vue. »

— « Je présume d'après ses discours, dis-je à M. Patterson, que ce jeune homme est Irlandais. »

— « Votre conjecture est juste, me répondit-il ; il est né à Derrimore dans le comté de Clare. Les Irlandais détenus sont chez nous en plus grande proportion que les autres étrangers ; c'est qu'en général leur éducation est plus négligée. Mais il faut que je vous quitte ; nous avons une réunion d'inspecteurs, et je crains de me faire attendre. »

Après avoir pris congé de ce digne homme, je me séparai du docteur Brown, et je regagnai Pearl-Street, où je demeurais, réfléchissant à la scène dont j'avais été témoin, et avec le désir d'apprendre ce que deviendraient Fitz-Allan et sa mère.

A. J.

VINGT-SIXIÈME CONSOLATION.

SUITE DE LA PRISON DE NEW-YORK.

Dieu fit du repentir la vertu des mortels.
Volt.

Quinze jours s'étaient écoulés depuis cette aventure lorsque revenant du Bowery, faubourg de New-York, où j'avais été rendre visite à un ami, je rencontrai M. Patterson. Après les civilités d'usage je lui demandai des nouvelles de notre prisonnier. « J'espère, lui dis-je, qu'il se conduit bien, et que vous en êtes content. »

« Je ne sais trop ce qui en arrivera, répondit M. Patterson ; cet homme a une trempe d'âme peu commune, et il faudra de grands efforts pour dompter son caractère. Il est sujet à des accès de fureur dont je cherche à démêler la cause. Cela tient, je pense, à quelque souvenir bien douloureux, à quelque profonde blessure du cœur. Il est, de plus, rempli d'orgueil, et il ne veut pas se soumettre à des travaux qu'il regarde comme une humiliation. Depuis trois jours il subit le confinement solitaire, et, ce qui paraît incroyable, il ne témoigne pas le désir d'en sortir. »

— « Et qu'est devenue sa malheureuse mère ? »

— « Elle ne quittait point le seuil de la prison. Assise sur le banc de pierre qui est près de la porte, et toujours baignée dans ses larmes, elle semblait n'exister que pour attendre l'instant où elle reverrait son fils. La fatigue, les inquiétudes, la douleur, l'ont rendue malade. Comme elle est étrangère dans le pays, sans protection, sans fortune, je l'ai recueillie dans ma maison, où elle a tous les jours des nouvelles de son fils , et où notre ami le docteur Brown lui donne des soins assidus. »

— « Voilà un dénoûment que nous n'avions pas prévu. »

— « Il faut en tout de la patience. Si ce jeune homme résiste au régime établi dans nos maisons de pénitence, c'est qu'il est tout-à-fait dépravé, et que la gangrène morale est arrivée au cœur. Ce sera le premier exemple de ce genre. Mais on ne peut encore rien décider à cet égard. Il faudrait , pour désespérer de sa guérison, que tous ses sentimens fussent pervertis. Cependant il aime sa mère , je ne saurais en douter. La piété filiale ne s'accorde point avec une corruption complète. C'est une prise que nous avons sur lui pour l'attirer graduellement dans des voies salutaires. Vous voyez que pour gouverner nos maisons il faut avoir quelque connaissance du cœur humain. »

— « Et l'amour de la vertu. Je ne sais rien de plus noble, de plus sublime que les fonctions que vous remplissez. C'est à vous que devrait appartenir cette gloire que la folie de l'homme accorde à ses destructeurs. Loin de coûter des larmes à l'humanité, c'est pour elle que vous triomphez ; vos conquêtes sont autant de bienfaits pour votre pays : que d'hommages, que de reconnaissance ne doit-il pas à votre dévouement ! »

— « Il ne nous doit que de l'estime. C'est une dette que nous acquittons en retour de la liberté dont nous jouissons, de l'égalité qui règne parmi nous, de la justice de nos lois. Si ce que vous appelez la gloire, si même la moindre rétribution pécuniaire était attachée à nos fonctions, il s'y mêlerait quelque chose de personnel qui en altèrerait la pureté. Il y aurait alors moins de zèle que d'ostentation, moins de réalité que d'apparence, et l'on rechercherait plutôt les suffrages du public que ceux de sa conscience. Tout ce faste est bon dans les monarchies où les vertus ont leur tarif, où les devoirs sont soldés en monnaie de bon aloi ; mais ce serait un contre-sens dans notre république. Nous administrons nous-mêmes nos affaires, et l'intérêt de tous est aussi l'intérêt de chaque citoyen. Ainsi quand je rends un service à la société, c'est un service que je me rends à moi-même. Vous voyez bien que nous ne sommes pas tout-à-fait désintéressés.

—« Je vois que vous êtes dignes de la liberté. C'est le plus grand éloge que puisse mériter un peuple. Mais puisque nous sommes sur ce sujet, permettez-moi de vous demander quelques éclaircissemens sur l'état actuel de vos mœurs. »

— « Je suis prêt à vous répondre. »

— « On ne saurait nier que vous ne soyez le peuple le plus libre et peut-être le plus heureux de la terre, si du moins le bonheur consiste dans la paix, l'abondance et la sécurité. Mais il me semble qu'il vous manque quelque chose. La culture des beaux-arts est une source de jouissances dont vous êtes privés. On chercherait en vain parmi vous ces palais magnifiques, ces jardins dessinés avec goût, ces temples majestueux, tous ces grands édifices, chefs-d'œuvre du génie qui font l'orgueil de nos cités et l'admiration des étrangers. Vos théâtres sont mesquins, vos acteurs médiocres ; vous n'avez pas même d'idée de ce qu'est nu grand opéra avec ses machines, ses décorations et ses ballets. J'en conclus que vous n'êtes pas encore tout-à-fait civilisés, car nous regardons tout cela comme les résultats nécessaires d'une haute civilisation. Il nous faut à nous autres Européens de grands artistes, d'excellens comédiens, des compositeurs de musique, des spectacles de tout genre, des poëtes, des beaux esprits des deux sexes, des académies et même des athénées. Sans cela, nous nous ennuierions à périr, nous ne serions pas heureux. »

— « Avant de vous répondre, je voudrais savoir ce que vous entendez par le terme de civilisation. »

— « Un moment, je n'y avais pas encore assez bien réfléchi. »

— « Permettez-moi de vous aider. En cherchant quel doit être le but de ce que vous nommez civilisation peut-être découvrirons-nous sa véritable définition. Dites-moi si ce but n'est pas d'éclairer un peuple sur ses droits et sur ses devoirs, de lui en inspirer le sentiment, de le conduire à exercer les uns et à remplir les autres dans toute leur étendue. N'est ce pas là le but de la civilisation ? »

— « Je le pense comme vous. »

— « Prenez-y garde, vous seriez forcé

de conclure que ce ne sont ni les spectacles, ni la peinture, ni la musique, ni la
danse, ni les merveilles de l'architecture,
qui sont l'objet véritable de la civilisation. »

— « Mais pourquoi limiter ainsi la
question, et chercher un but unique à ce
qui peut en avoir plusieurs ? »

— « En voici la raison. C'est pour arriver à une bonne définition, c'est-à-dire à
une idée exacte de la chose. Chaque science
a son but particulier. L'astronomie, par
exemple, s'occupe du mouvement des astres,
nous apprend en vertu de quelles lois ils s'attirent ou se repoussent, nous fait connaître leurs distances réciproques et les ellipses
qu'ils parcourent. La médecine a pour but
la guérison des maladies qui affligent l'humanité. Il en est ainsi de toutes les sciences.
Il n'y aurait donc que la civilisation, ou en
d'autres termes, l'art de perfectionner l'hom-

me social qui manquerait d'un but propre à lui seul. Qu'en pensez-vous ? »

— « J'entrevois qu'il serait possible que vous eussiez raison, et qu'on pourrait définir la civilisation, la marche des peuples vers l'état le plus favorable au développement de la raison humaine et aux intérêts réels des sociétés. »

— « C'est où je voulais vous amener. Maintenant si vous pouvez me prouver que l'homme ne peut être raisonnable et libre sans tout cet appareil de luxe et ces prodiges des arts dont vous avez parlé, j'avouerai que nous sommes moins avancés que vous en civilisation. »

— « Je vois que je n'avais pas une connaissance parfaite de la question, et je vous remercie de m'avoir éclairé. »

— « Je crains que vous ne m'accusiez de présomption ; mais je veux aller plus loin. J'ai souvent pensé que les États-Unis, quoiqu'on n'y trouve, ni un opéra comme celui de Paris, ni un temple comme Saint-Pierre de Rome, ni vos grandes collections de tableaux et de statues, est le pays le plus civilisé du monde. Je ne méprise point les beaux-arts, ils sont l'ornement de la cité ; mais nous avons posé l'édifice social sur des fondemens solides ; nous en avons construit et achevé les diverses parties. Quant à vous, vous n'avez soigné que la décoration. »

— « J'espère que vous ne suivrez pas le conseil de Platon, qui voulait chasser les poëtes de sa république. »

— « Non, sans doute. La poésie, qui se nourrit de sentimens héroïques et de grandes images, convient parfaitement à nos mœurs républicaines ; elle fait nos délices. Il est même peu de fermiers américains chez lesquels on ne trouve un Milton et un Shakspeare. La culture de l'esprit est générale dans nos campagnes comme dans nos villes. Les lumières nécessaires à notre position sociale sont universellement répandues.

Point d'artisan, point de laboureur qui ne sache lire, écrire et calculer, qui ne connaisse les lois de son pays, qui n'en apprécie les institutions, et qui ne versât au besoin son sang pour les défendre. De là vient l'amour de l'ordre et le respect de la propriété, de là vient aussi que les crimes sont si rares parmi nous. A peine aurions-nous besoin d'une prison sans le concours d'étrangers qui traversent les mers et nous arrivent avec leur ignorance et leurs penchans vicieux. La plupart d'entre eux s'améliorent en vivant au milieu de nous, les autres s'éloignent ou retournent dans leur pays natal. Si à la fin de sa détention ce jeune Irlandais, dont le malheur vous a intéressé, n'était pas entièrement changé dans ses sentimens et ses mœurs, croyez-vous qu'il pût résider long-temps dans une contrée où la fortune et la considération ne s'obtiennent point sans travail et sans probité ? »

— « Je conçois bien ce que vous me dites là. Mais il me reste un éclaircissement à vous demander. Vous avez raison de dire que je prends intérêt au sort de votre prisonnier. Il a inspiré le même sentiment à tous les spectateurs de la scène déchirante dont nous avons été témoins. Mais en supposant qu'il renonce à ses habitudes dépravées, qu'il acquière le goût du travail, en un mot, qu'il devienne digne d'estime, quel bonheur l'avenir peut-il lui réserver ? Flétri par une condamnation judiciaire, avili par son séjour même dans une maison de correction, que peut-il espérer des hommes ? quel rang occupera-t-il dans la société ? »

— « Celui d'un honnête homme, et d'un bon citoyen. Vous nous jugez toujours avec vos préjugés d'Europe. Nous attachons de la flétrissure au vice, et non à la réparation que la société exige de l'outrage commis envers elle. La réparation faite, si le coupable montre des vertus, s'il remplit ses devoirs envers lui-même, et envers les autres, tout est oublié. C'est un malheureux qui a échappé au naufrage des passions, et qui est recueilli sur une terre hospitalière. Il y perd avec le temps le souvenir de ses dangers et de ses maux, ou s'il se les rappelle, c'est pour mieux sentir le repos et le bonheur dont il jouit. Je pourrais vous citer des hommes considérables par leur fortune et leur mérite dont la jeunesse orageuse a eu besoin de correction et de repentir. Aujourd'hui, ils vivent honorés parce qu'ils sont devenus honorables. »

Comme M. Patterson achevait ces mots, nous arrivâmes à la porte de sa maison. Il y fut reçu par sa fille Hannah, jeune personne d'une figure angélique. Elle attendait son père avec impatience, comme si elle avait eu quelque secret important à lui communiquer. Je me retirai de mon côté après avoir remercié M. Patterson des bonnes leçons qu'il venait de me donner.

A. J.

VINGT-SEPTIÈME CONSOLATION.

HISTOIRE DU PRISONNIER DE NEW-YORK.

> Heureux qui, satisfait de son humble fortune,
> . . . .
> Vit dans l'état obscur où les dieux l'ont placé!
>
> RACINE.

QUELQUES semaines après les événemens dont je viens de parler, diverses circonstances me décidèrent à quitter New-York, et à établir ma résidence à Boston. J'habitais cette ville depuis neuf ans lorsque je résolus de revenir en Europe ; mais, avant d'exécuter ce projet, je voulus visiter les états de l'Union que je ne connaissais pas encore, et pénétrer, s'il était possible, dans l'ancienne colonie française du Canada. Ce fut dans le cours de ce voyage que je retrouvai mon prisonnier de New-York. Si je n'avais pas consulté des notes rédigées avec un profond respect pour la vérité, rien ne m'aurait été plus facile que de donner à mes récits un intérêt de roman. Je me serais mis en route sans annoncer d'avance ce qui devait arriver ; je vous aurais promené de rivage en rivage ; nous aurions traversé ensemble les vastes forêts et les lacs immenses qui s'étendent au loin dans les régions occidentales de l'Amérique du nord. Quel champ étendu pour des descriptions pittoresques qui auraient bravé toute critique, puisque personne n'aurait pu en prouver l'inexactitude ! Un jour nous serions arrivés, harassés de fatigue, au pied de quelque montagne très-escarpée. Là, dans une caverne d'un aspect effrayant, où l'on ne parvient qu'avec beaucoup de peine, et en franchissant, à l'aide d'un tronc d'arbre, un torrent qui se précipite avec impétuosité sur un lit de rochers granitiques, j'aurais rencontré mon héros. Étonnement mutuel, reconnaissance théâtrale, scène de misanthropie, tout aurait contribué à remuer les imaginations, et à produire de grands effets. Je me serais peut-être placé à côté de M. le vicomte d'Arlincourt, surtout si j'avais prié quelque poëte de mes amis de me fournir une romance de désespoir, dont M. Félix Bodin aurait fait la musique. Je me suis volontairement privé de tous ces avantages, je ne m'attache qu'aux réalités; tous les voyageurs ne pourraient pas avec justice en dire autant.

Ce qu'il y a de certain, c'est que je n'avais cessé d'entretenir une correspondance avec le docteur Brown; au bout de deux ans, il m'apprit que la grâce d'Henry Fitz-Allan venait d'être accordée. La fièvre jaune s'était déclarée à New-York où elle avait fait de grands ravages. Henry s'était retiré dans une ferme qu'il cultivait près de Skeensborough, commune située sur les bords du lac Champlain et qui appartient à l'état de New-York. Le docteur ajoutait que ce jeune homme avait épousé miss Hannah, fille de M. Patterson dont je conservais un précieux souvenir.

En examinant mon itinéraire sur une grande carte de l'Amérique du nord, je vis que pour rentrer dans les États-Unis, je pourrais facilement m'embarquer à Saint-Jean, ville anglo-française dans le bas Canada, à l'extrémité septentrionale du lac Champlain, et prendre terre au port de Skeensborough, d'où je gagnerais sans peine Albany et New-York. Ce nom de Skeensborough me rappela Fitz-Allan et Hannah Patterson. Je me proposai de les voir en passant et de prendre leurs commissions pour New-York ; il entrait un peu de curiosité dans ce projet.

Me voilà donc en route. Après avoir remonté la rivière d'Hudson jusqu'à près de trente lieues de son embouchure, je me rends à Skenectady; je traverse le territoire du Genessée en me dirigeant vers le lac Érié. Ce fut à mon arrivée près de ce lac que je rencontrai la tribu indienne des Sénécas qui faisait autrefois partie de la sainte-alliance des Iroquois [1]. Cette confédération a long-temps réglé les destinées des habitans de la forêt. Je fus très-bien accueilli de ces Indiens, qui n'ont pas la moindre idée des bienfaits de la civilisation. On ne voit chez eux ni maisons d'arrêt, ni gendarmes, ni tribunaux d'inquisition. Ils sont si barbares qu'on passerait sa vie entière au milieu d'eux sans jouir du spectacle d'un honnête homme attaché à un voleur lépreux. J'ajouterai ce que dit Montaigne pour démontrer leur infériorité à notre égard: « Ils ne portent point de haut-de-chausses. »

---

[1] Ou, suivant l'expression anglaise, des cinq nations (*five nations*); savoir : les *Mohawks*, *Sénécas*, *Tuscaroras*, *Onondagas*, et *Cayugas*.

Je pourrais m'étendre à loisir sur toutes les particularités de mon voyage ; et, dans la situation d'esprit où je me trouve, ce n'est pas sans quelque effort que je résiste à cette tentation. J'aurais du plaisir à décrire à ma manière la grande cataracte de Niagara, un coucher du soleil sur le lac Ontario, et à rappeler quelques incidens qui me paraissent remplis d'intérêt. Mais il serait possible que vous en jugeassiez autrement, et je me hâte d'arriver à Skeensborough.

Mon premier soin fut de m'informer où demeurait le fermier Henry Fitz-Allan. On m'apprit que sa ferme était peu éloignée, et l'on m'indiqua la route de telle sorte que je ne pouvais m'égarer. Je remis ma visite au jour suivant.

Le lendemain, c'était le 10 du mois de septembre, il faisait un temps superbe, je m'acheminai vers la ferme de Fitz-Allan. Elle est située sur le penchant d'une colline,

à environ trois milles du lac Champlain.
Deux massifs de magnolias et de sassafras,
qu'on m'avait indiqués, me servirent de
points de reconnaissance. Au bas de la
colline s'étendent de vastes pâturages qu'ar-
rose une petite rivière qui, après avoir fait
tourner un moulin à scie, verse ses eaux
dans le lac. Je traversai la rivière sur un
pont de bois construit pour l'usage du
moulin, et j'aperçus bientôt la maison principale de la ferme. J'y montai par une route
sinueuse bordée d'érables et de tulipiers.
Arrivé sur un plateau d'environ vingt-cinq
à trente arpens, j'aperçus deux enfans
d'une figure charmante ; ils s'amusaient à
cueillir dans de petites corbeilles d'osier
une baie noire connue dans le pays sous
le nom de *wortle-berry*, espèce de *vacci-
nium* dont les Américains sont assez friands.
Ces enfans ne s'éloignèrent point à mon ap-
proche : l'un d'eux, une petite fille, me regardait avec attention. J'admirais la fraîcheur

de son teint, et sa blonde chevelure qui tombait en grosses boucles sur ses épaules blanches comme la neige. Son frère vint au-devant de moi d'un air résolu, et me demanda si j'allais à la ferme. Je répondis que telle était mon intention. « Alors, dit-il, je vais avertir maman; » et il se mit à courir vers la maison. Je m'approchai de la petite fille que je pris par la main, et à qui je demandai son nom. « Je m'appelle Harriet, répondit-elle, je veux aller trouver mon frère. — Eh bien nous irons ensemble. » Je la pris dans mes bras sans qu'elle fît aucune résistance, et je m'avançai vers la porte de la ferme. J'y fus reçu par une jeune femme d'une beauté remarquable. Elle était vêtue d'une robe de toile blanche des Indes, retenue par une ceinture bleue. C'était Hannah elle-même. « Je suis fâchée, me dit-elle, de la peine que vous donne cette petite fille. Entrez, vous devez être fatigué, je vais vous faire servir quelques rafraîchissemens. »

Après les complimens d'usage, j'entrai dans un salon très-propre, orné de glaces, d'un tapis de pied, et de meubles d'acajou. Une femme âgée, assise près d'une fenêtre, s'occupait d'un travail de couture ; à côté d'elle un enfant sommeillait dans un joli berceau. Tout dans cette maison respirait l'aisance, la paix et le contentement. Je ne pus m'empêcher de faire cette observation à la jeune femme, qui semblait, en me regardant, chercher les traces d'un souvenir presque entièrement effacé. « Cette tranquillité, cet air de bonheur qui vous frappent, me répondit-elle avec un sourire gracieux, nous le devons à mon mari qui est allé faire un tour dans la ferme, et qui ne tardera pas à rentrer ; c'est lui qui prend soin de notre félicité, et c'est une tâche qui le rend heureux lui-même. Mais, pardonnez si je vous parais indiscrète, il me semble que je vous ai vu en d'autres temps. L'accent de votre voix et les traits de votre visage ne me sont pas étrangers. »

— « Vous ne vous trompez point, lui dis-je ; j'ai eu le plaisir de vous connaître, ainsi que votre digne père, M. Patterson. J'espère le revoir en passant à New-York. »

— « Vous ne le verrez plus dans ce monde, répondit Hannah en soupirant ; il y a près de huit ans que mon père est mort, et je ne suis pas encore consolée de cette perte. J'aurais eu tant de plaisir à soigner sa vieillesse [1] ! »

Comme elle achevait ces mots, je vis entrer Henry Fitz-Allan, que je reconnus sans hésitation, tant j'avais été frappé de l'expression de sa figure. Je remarquai seulement que son teint avait été bruni par le

---

[1] Je lis sur mes notes ces mots « to nurse his old age. » L'énergie de cette expression ne peut se rendre en français.

soleil, ce qui donnait un caractère encore plus mâle à sa physionomie.

« Mon cher Henri , dit madame Fitz-Allan , voici un vieil ami de mon père qui vient nous demander l'hospitalité. »

« C'est un devoir, répondit-il , qu'il nous sera doux de remplir. » Et il me tendit la main , que je serrai avec affection.

Pendant ce dialogue, les préparatifs du dîner avaient été achevés , et nous passâmes dans la salle à manger. Le couvert était d'une propreté recherchée. Je trouvai le *roast-beef* excellent, et le cidre délicieux. Il y avait aussi quelques friandises du pays, entre autres un *wortle-berry pudding* dont je fis l'éloge en regardant les enfans. « C'est ma sœur et moi qui avons ramassé les *berries*, dit le jeune garçon, et c'est notre bonne maman qui a fait le pudding. »

J'avais aussi reconnu la bonne maman. C'était cette pauvre femme qui m'avait paru si touchée du malheur de son fils à l'épo- que de sa détention.

Les dames et les enfans s'étant retirés au dessert, nous restâmes Fitz-Allan et moi vis-à-vis d'une bouteille de vin de Portugal, et il me dit en me versant un coup : « J'ai remarqué quelque contrainte dans votre langage lorsque ma femme et ma mère étaient avec nous. Vous avez connu M. Pat- terson ; il est donc probable que vous savez une partie de mon histoire ; mais cela ne doit nullement vous gêner. Vous pouvez parler avec liberté devant Hannah : elle a autant de raison que de vertus et de bonté. Je ne suis plus l'homme emporté, le fu- rieux qui a fait quelque bruit dans le monde. Vous ne voyez en moi qu'un bon père de famille et un fermier laborieux. »

Je lui rappelai alors que j'avais été té- moin de la scène qui s'était passée au greffe de la prison de New-York ; j'ajoutai que son infortune m'avait inspiré beaucoup d'intérêt. « Je suis bien changé maintenant, me répondit-il avec un sourire, et je dois regarder cette journée comme la plus heureuse de ma vie. Elle a commencé l'époque de ma réformation et de mon bonheur. »

— «Vous étiez cependant très-affecté de votre aventure, et l'on paraissait avoir peu d'espérance de vous ramener à un état plus calme. »

« Cela est vrai. Je pourrais vous en dire la cause ; mais ce serait une histoire trop longue à vous raconter dans ce moment. Je veux que vous visitiez ma ferme. Ce soir, après le thé, je vous ferai connaître les principaux événemens qui ont précédé et suivi mon arrestation. Vous verrez à quels périls j'ai échappé, et combien je dois rendre grâces au ciel d'une détention que je considérai dans le temps comme une criante injustice, et un malheur irréparable. »

Nous sortîmes ensemble, et j'admirai le tableau qui s'offrait à nos regards. Le lac

Champlain s'étend au loin vers le nord ; une brise légère agitait doucement ses eaux transparentes. Des îles couvertes de sumacs, d'érables, de saules noirs, de peupliers argentés, de charmes de la Virginie, reposent la vue en variant la perspective. Du côté de l'est, des maisons rustiques sortent çà et là du milieu des bois ; des troupeaux d'espèces variées errent dans les plaines, ou paraissent suspendus sur le penchant des collines, tandis qu'à l'occident des masses énormes de rochers, de formes irrégulières et fantastiques, s'élèvent à une grande hauteur, et servent de base aux montagnes vertes [1], dont les cimes couronnées de nuages bornent l'horizon.

Après avoir contemplé à loisir ce magnifique panorama, nous visitâmes les plantations et les champs qui composent la ferme de Fitz-Allan. Il ne négligeait aucune

---

[1] C'est la chaîne occidentale des monts Apalaches.

des améliorations récentes de l'agriculture européenne. Je vis avec plaisir qu'il avait substitué aux clôtures ordinaires du pays, formées de longues perches de bois, des haies vives entremêlées d'arbres à fruit. Je lui fis aussi compliment sur le nombre de ses ruches, sur la beauté de ses vaches et de ses brebis.

A peine étions-nous rentrés que le thé fut servi. Ce nouveau repas terminé, Fitz-Allan s'adressant à sa femme lui dit : « Hannah, notre hôte veut absolument que je lui raconte mes aventures. »

— « Eh bien, mon ami, répondit la jeune femme, il faut satisfaire son désir ; je suis sûre que ce n'est point l'effet d'une vaine curiosité, et qu'il y entre un véritable intérêt pour nous. »

— « Vous ne vous trompez pas, répliquai-je aussitôt ; c'est aussi pour mon instruction. Je voudrais bien savoir comment on devient heureux. »

— « Je suis né à Derrimore, petite ville d'Irlande, dans le comté de Clare, dit Fitz-Allan. Mon père, qui jouissait d'une fortune assez considérable, exerçait honorablement les fonctions d'homme de loi (*lawyer*); mais j'eus le malheur de le perdre avant que ma raison fût formée. Ma mère, excellente femme, n'avait que moi d'enfant, et vous jugez d'avance à quel point je fus gâté. Mes caprices étaient des lois pour elle, et j'exerçais dans la maison un pouvoir absolu. Ce ne fut pas sans peine qu'on parvint à me faire lire, écrire et calculer passablement. J'aimais beaucoup mieux courir les champs, et faire des incursions dans les jardins du voisinage. Je devins querelleur à l'excès; il se passait peu de jours où ma conduite n'excitât des plaintes qui arrivaient aux oreilles de ma mère, mais elle manquait rarement de raisons pour me justifier. Je croissais ainsi en caprice, en force et en audace.

» J'avais atteint ma dix-neuvième année sans qu'on eût plié mon esprit à aucune étude sérieuse, lorsqu'un de mes cousins, Patrice Burke, plus âgé que moi de trois ans, revint de l'université de Dublin. Son arrivée fit sensation dans notre petite ville. On le regardait comme un jeune homme accompli. Il avait obtenu, disait-on, de brillans succès au collége, et suivait le barreau avec distinction; il s'habiliait avec goût, s'accompagnait de la guitare, parlait français et faisait même des vers. Aussi les jeunes filles le recevaient avec complaisance, il donnait le ton dans notre société, c'était le phénix de Derrimore.

» Je vous avouerai franchement que je fus jaloux de mon cousin. Je rabaissais ses qualités autant qu'il était en moi, et je me moquais de ces mêmes talens qui faisaient l'admiration générale. Une haine ardente s'établit entre nous deux; mais la mienne était franche, ouverte, impétueuse. Je disais tout

ce que j'avais sur le cœur. Quant à Burke,
il était sournois et dissimulé ; il affectait de me
plaindre ; j'avais, disait-il, reçu une si mauvaise éducation ! Il s'intéressait à mon sort,
et prétendait qu'il ne répugnerait à aucun
sacrifice pour ne pas voir dans son cousin
Henry un ours si mal léché. Ces propos me
revenaient, et je n'attendais que l'occasion
favorable d'en tirer une vengeance éclatante.

» Mais un jour, au moment où j'y pensais le moins, je vis venir Patrice chez
moi. « Henry, me dit-il, pourquoi serions-
nous ennemis ? vous êtes un excellent garçon, et il ne vous manque pour briller
comme moi qu'un peu d'usage du monde.
Que faites-vous à Derrimore ? Vous n'êtes
pas fait pour vous enterrer tout vivant dans
une petite ville. Venez avec moi à Dublin,
vous aurez bientôt l'expérience qui vous
manque, vous n'y connaîtrez pas l'ennui,
et vous y serez heureux comme un prince. »

» Il y avait dans le langage de Burke un ton de franchise qui me toucha. Ma vanité fut satisfaite de ses éloges; il mettait du baume sur la blessure, et je sentis que ma conduite envers lui n'était pas sans reproche. J'étais plus vif que méchant, et je serrai la main qu'il me tendait, avec cordialité.

« Je veux vous servir de guide dans le monde, reprit-il; vous verrez que les plaisirs d'une grande ville sont d'un autre genre que ceux de Derrimore. Je sais que vous avez quelque inclination pour Sophie Graham votre voisine, mais cela ne doit point vous arrêter. Comment vous accommoderiez-vous d'une petite provinciale qui n'a ni goût ni esprit? vous êtes destiné à plaire aux dames les plus huppées; je vous prédis que vous ferez du bruit dans Dublin. »

» Ces paroles chatouillaient mon amour-propre, et je m'y laissai prendre comme un étourdi. J'acceptai donc la proposition de Patrice, et j'en parlai à ma mère qui s'empressa d'y consentir, ne doutant point que je ne fisse une grande fortune, et croyant que chacun me verrait des mêmes yeux que les siens. Elle me fit promettre de lui écrire régulièrement tous les huit jours.

» Cette Sophie, dont je vous ai parlé, était la plus jolie fille de Derrimore; sa beauté touchante, sa douceur, m'attiraient vers elle, et le contraste de nos caractères ne l'empêchait pas de me voir avec plaisir. J'avouerai même qu'elle exerçait sur moi un assez grand empire. Malheureusement elle était absente lorsque Burke résolut de m'entraîner à Dublin. Il la connaissait aussi, et j'avais quelquefois imaginé qu'il ne la voyait pas avec indifférence.

» Mes préparatifs furent bientôt terminés. Ma mère me donna tout l'argent dont elle pouvait disposer, et, en m'embrassant avec tendresse, me recommanda de ne pas trop prolonger mon séjour à Dublin. Je sentis en la quittant une vive émotion ; j'étais presque honteux de ne pouvoir retenir mes larmes ; je regardais cet attendrissement comme une faiblesse.

» Pendant notre voyage, Burke ne m'entretint que des fêtes et des plaisirs de la ville. Il me ferait faire connaissance avec des personnages de la plus haute volée, et avec des femmes du meilleur ton. Je pourrais même, si la fantaisie m'en prenait, fréquenter les actrices du grand théâtre, ce qui achèverait en très-peu de temps mon éducation. Je ne demandais pas mieux que de me former à une si bonne école, et je lui promis de suivre docilement ses conseils.

» Il serait superflu de vous raconter en détail les folies dont je me rendis coupable, et les mauvaises habitudes que je contractai à Dublin. Ces personnages importans dont m'avait parlé Patrice étaient des joueurs, des chevaliers d'industrie, des hommes perdus de vices; ces dames du meilleur ton ne valaient guère mieux. Jeune et sans expérience, je donnai dans les piéges qui me furent tendus; je me plongeai dans tous les excès de la débauche; mon árgent fut bientôt dissipé; j'eus recours à mon cousin, qui m'indiqua le jeu comme une ressource inépuisable. Je fis des dettes, je jouai avec passion, et je fus malheureux; un jour je crus m'apercevoir qu'un de mes adversaires usait de moyens illicites pour captiver la fortune, je l'insultai publiquement, le forçai de se battre, et lui fis une blessure si dangereuse que je le crus mort. Résolu d'éviter les poursuites de la justice, je choisis un asile où j'imaginai que je ne courrais aucun risque; mais je fus découvert, arrêté et jeté dans une prison.

» Pendant les premières semaines de mon séjour à la ville, je n'avais pas manqué d'écrire à ma mère ; mes lettres devinrent bientôt plus rares ; enfin je négligeai entièrement ce devoir. Dans la triste position où j'étais, j'écrivis à Burke, et j'appris avec étonnement qu'il avait quitté Dublin. Je m'adressai à mes compagnons de plaisir, aux femmes qui m'avaient témoigné beaucoup de tendresse tant que j'avais eu des guinées à ma disposition. On ne me répondit que par des complimens sur ce qu'on nommait « mon ardeur martiale, » et par des exhortations à la patience. Je suffoquais de dépit. Mais concevez quel dut être l'excès de ma fureur lorsque j'eus été instruit, d'une manière positive, que c'était Burke lui-même qui m'avait dénoncé à la justice, et que je devais à sa perfidie la découverte de mon asile. Je jurai de délivrer la terre d'un pareil monstre.

» Je restai ainsi près de trois mois, privé de consolations , abandonné du monde entier, couchant sur la paille, mangeant le

pain amer des captifs, exposé aux bruta-
lités des gardiens de la prison, confondu
avec les plus vils criminels, et attendant mon
arrêt.

» J'ignore comment dans une situation aussi
cruelle je ne perdis pas la raison. Je tombai malade, une fièvre ardente me consu-
mait, je dépérissais à vue d'œil, et l'on fut
obligé de me transporter dans un hôpital;
ma mémoire ne me fournit rien sur cette
translation; on m'a dit depuis que j'avais
passé plusieurs jours dans le délire. Une
nuit, réveillé comme d'un sommeil léthar-
gique, je sentis une main qui essuyait légèrement la sueur froide qui me couvrait le
visage ; il me semblait que des larmes brû-
lantes tombaient sur mes joues, j'ouvris
les yeux, et me trouvai assez de force pour
soulever ma tête ; une lampe brûlait près
de mon lit, je crus voir ma mère comme
dans un songe. Mes idées étaient si confuses
qu'elles ne se fixaient sur rien; j'éprouvai

seulement une sensation pleine de douceur,
comme si quelque ange du ciel était assis
près de moi. Je pris sans réflexion un breu-
vage qu'on portait à mes lèvres; bientôt
après, je penchai la tête et m'endormis
profondément.

» Mon sommeil se prolongea long-temps,
et lorsque je repris connaissance, le jour
était très-avancé. Je reconnus alors distinctement ma malheureuse mère. Mes souvenirs revinrent en foule et me retracèrent
l'horreur de ma situation. J'étais honteux de
moi-même, et le plaisir de retrouver la tendresse d'une mère était mêlé d'une confu-
sion qui me fit baisser les yeux.

» Henry, me dit cette excellente mère,
je n'ai point de reproches à vous faire. Que
Dieu vous conserve la vie, c'est tout ce que
je désire. Vous ne savez pas combien vous
m'affligez en évitant mes regards. Levez les
yeux, mon fils, s'il vous reste encore quel-

que affection pour moi. Soyez plein de confiance, ne songez qu'à votre guérison ; je suis heureuse de vous voir et de veiller auprès de vous. »

» Ces douces paroles me pénétrèrent le cœur ; mes yeux se remplirent de larmes, je fus soulagé. Ma mère m'embrassa tendrement, et le malheur sembla s'éloigner de moi. J'appris que l'homme dont je croyais avoir causé la mort était guéri de sa blessure, et que je n'avais rien à craindre de la rigueur des lois. Ma convalescence fut longue. Mes forces ne revinrent que par degrés. Cependant ma santé se raffermit, et nous reprîmes la route de Derrimore, ma mère et moi.

» J'avais souvent demandé des nouvelles de Sophie Graham. Depuis que j'étais malheureux, il me semblait que je l'aimais davantage. Ma mère avait éludé mes questions, ou ne m'avait répondu que des choses vagues.

qui ne m'apprenaient rien de ce que je voulais savoir; aussi me tardait-il d'arriver à notre petite ville pour retrouver ma douce Sophie. Je me promettais un avenir heureux auprès d'elle, et cette pensée occupait agréablement mon imagination.

» Jugez de ma douloureuse surprise. Patrice Burke, revenu à Derrimore pendant ma détention, s'était introduit dans la famille Graham. Le tableau malheureusement trop fidèle qu'il s'était plu à tracer de ma conduite et de mon caractère avait révolté les parens de Sophie ; elle-même, me regardant comme un homme indigne de ses affections, avait écouté les propositions de Burke. Il y avait peu de jours que leur mariage s'était fait, et ils étaient partis tous les deux pour la ville de Cork, où le plus cruel ennemi que j'eusse au monde devait, disait-on, former un établissement.

» Je ne vous peindrai pas les sentimens qui oppressèrent mon cœur à ces funestes nouvelles. Je vis alors dans tout son jour la perfidie dont j'avais été victime. Dégoûté d toute espèce de société , je devins solitaire et sauvage. Je détestais les hommes, que je croyais tous aussi méchans et aussi trompeurs que ceux que j'avais connus jusqu'alors; je me détestais moi-même en pensant à ma folle crédulité.

» D'ailleurs , je ne retrouvais plus aucun charme dans le lieu de ma naissance. J'avais bu avec ivresse dans la coupe du vice ; et les plaisirs de famille n'existaient plus pour moi. Mon esprit sans culture ne m'offrait aucune ressource ; il m'aurait fallu, pour éviter le poids de l'ennui, des mouvemens impétueux, des émotions passionnées : je n'avais qu'une idée fixe, elle obsédait mon imagination ; c'était le besoin de la vengeance.

» Il est difficile de concevoir toute la force d'une seule idée ; elle ne vous abandonne jamais ; elle est présente dans vos songes, présente à votre réveil ; elle fait pour ainsi dire toute votre existence. C'est, je crois, le premier degré de la folie.

» Résolu de poursuivre mon ennemi, de l'atteindre, de l'attaquer partout où je le trouverais, de le déchirer de mes mains, j'eus assez de dissimulation pour cacher cet atroce projet ; je voulais tromper la tendresse inquiète de ma mère, j'affectai de paraître tranquille. Quinze mois s'écoulèrent sans que le temps apportât aucun changement dans la passion haineuse qui me dévorait intérieurement. Ma mère, ne soupçonnant rien de ce qui se passait dans mon cœur, avait relâché de sa surveillance ; j'en profitai pour me dérober secrètement de Derrimore, et je pris la route de Cork.

» Ce fut sous un déguisement que j'arrivai dans cette ville. Je descendis à une hôtellerie près du port, et me fis indiquer la maison où logeait Patrice Burke. Le lendemain, vers midi, je m'y présente avec assurance; j'entre dans le salon : une jeune femme, c'était Sophie, m'aperçoit, jette un cri de douleur et tombe devant moi sans connaissance. J'appelai du secours, une vieille servante accourut. La secousse avait été si vive que la malheureuse Sophie ne revint qu'avec peine de son évanouissement. « Quoi! c'est vous? me dit-elle, en reprenant ses sens; que venez-vous faire ici? Venez-vous insulter à mon infortune? Laissez-moi, je ne puis supporter votre présence. »

« Sophie, lui dis-je, vous me jugez sévèrement; je ne viens ici que pour votre époux. J'ai besoin de le voir. »

« Mon mari n'est plus en Irlande; il m'a quittée pour une autre femme; ils sont en Amérique, et moi, vous me voyez sans appui, sans protecteur; je n'oserai jamais revoir mes parens. »

» Burke, après avoir dissipé le bien de sa femme, avait passé aux États-Unis. Sophie me raconta les mauvais traitemens qu'elle avait soufferts et je ne pus m'empêcher de la plaindre. Je lui fournis les moyens de payer quelques dettes et de retourner dans sa famille. Je fus surpris de n'éprouver pour elle qu'un sentiment de compassion; une autre pensée me tyrannisait. « Sophie, lui dis-je en la quittant, d'un ton qui la fit frémir, Sophie, vous serez vengée. »

» Après le départ de cette infortunée, je pensai aux moyens de me rendre, le plus tôt qu'il serait possible, dans les États-Unis. J'arrêtai mon passage avec M. Mac-Neil, capitaine du vaisseau de commerce *le Triton*. J'étais impatient de mettre à la voile; mais il fallut attendre un vent favorable, et il se passa trois semaines avant que nous pussions sortir du port.

» Ce ne fut pas sans émotion que je vis fuir devant mes yeux et disparaître au loin, comme des nuages vaporeux, les rivages escarpés de l'Irlande. J'éprouvai pour la première fois ce sentiment profond qui attache l'homme au sol de la patrie, et qui lui serre le cœur lorsque sa destinée l'entraîne vers de nouveaux climats et sous des cieux inconnus. Je tombai dans une longue rêverie ; une foule d'images assiégeait ma pensée ; je me rappelai jusqu'aux jeux de mon enfance, et je soupirai au souvenir de ma mère.

» Nous fûmes favorisés d'une heureuse navigation jusqu'à notre arrivée à la hauteur des Bermudes. Alors le vent contraria notre marche ; bientôt le ciel s'obscurcit, l'Océan se soulève, un violent orage éclate sur nos têtes. Le danger n'était point imminent ; l'expérience et l'habileté du capitaine Mac-Neil laissaient peu de place à la crainte ; mais les mouvemens brusques et irréguliers du vaisseau me causèrent un malaise extrême ; je passai d'un état inouï de langueur dans un abattement complet ; j'étais anéanti, dégoûté de la vie, j'aurais remercié celui qui, me jetant à la mem'aurait délivré de cette souffrance inexplicable dont l'expérience seule peut donner une idée. Je descendis sur le pont. Insensible aux mugissemens de la tempête, je m'étais jeté sur un cadre presque sans connaissance; je fermais les yeux, lorsqu'une voix bien connue me réveilla de mon assoupissement et fit en moi une soudaine révolution. C'était encore ma pauvre mère qui se trouvait à mon insu sur le même vaisseau qui devait me transporter loin d'elle.

« Ne soyez pas surpris de me voir, mon cher enfant, me dit-elle; j'ai appris, de la bouche même de Sophie Graham que vous étiez à Cork, et je me suis hâtée de m'y rendre. Il ne m'a pas été difficile de découvrir que vous deviez vous embarquer sur le vaisseau du capitaine Mac-Neil, et je me suis mise au nombre des passagers. Absorbé dans vos réflexions, vous ne m'avez point remarquée. Je me couvrais d'un voile, et j'attendais l'occasion de me montrer à vos yeux sans vous exposer à une trop vive commotion ; mais je vous ai vu malade, je n'ai pu résister au désir de vous soulager. »

» Je ne pouvais parler, je me contentais de lui baiser les mains. Elle appuya ma tête défaillante sur ses genoux. « Croyez-vous, Henry, reprit-elle, que je puisse jamais me séparer de vous ? Ignorez-vous que vous êtes l'unique objet de mes affections, le seul lien qui m'attache à la vie ? Comment pourrais-je supporter votre absence ? Vous auriez dû songer à la douleur qui me saisirait en apprenant que vous quittiez notre pays peut-être pour ne plus le revoir. Mais je ne veux point me plaindre de votre conduite. Ne vous découragez point, mon cher fils ; le mal qui vous accable n'a rien de dangereux ; il passera avec la tempête qui déjà commence à s'apaiser. »

» Le ciel s'était éclairci, la mer devenait moins houleuse ; bientôt le vent qui soufflait du sud avec fureur tomba par degrés.

Une brise rafraîchissante, s'élevant du nord-est, enfle nos voiles; nous voguons légèrement vers les rivages du nouveau monde. Chose singulière ! mon mal s'était calmé comme les élémens, et j'étais parfaitement rétabli lorsque nous aperçûmes les côtes du New-Jersey. Le lendemain matin nous entrâmes dans la baye de New-York, et notre vaisseau jeta l'ancre à l'embouchure de la rivière d'Hudson. Nous prîmes terre aussitôt ma mère et moi, et nous allâmes loger dans Broad-Street.

» Ma mère avait cherché à pénétrer mes projets, mais la manie dont j'étais atteint ne m'empêchait pas de les couvrir d'un voile épais. Je répondais à ses questions que depuis mes aventures de Dublin le séjour de l'Irlande m'était devenu odieux; que je préférais un pays où régnait une entière liberté, où chacun était le maître de ses actions, et n'en répondait qu'à lui-même; qu'au reste je prendrais un parti lorsque j'aurais une connaissance parfaite du pays.

» Cependant je m'étais secrètement informé si l'on n'avait pas entendu parler d'un Irlandais nommé Patrice Burke, et j'avais appris avec un plaisir infini qu'il résidait à New-York, et vivait assez retiré dans une petite maison de Bowery. J'allai furtivement reconnaître le terrain. Je ne voulais pas lui faire l'honneur de l'appeler en duel. Il était d'une taille élevée, et d'une vigueur d'athlète; mais je craignais qu'il ne voulût pas répondre à mon appel, et que cette proie que j'avais poursuivie au delà des mers n'échappât à ma vengeance. Mon intention était de me présenter inopinément devant lui, de l'insulter, de le frapper, de le forcer à se défendre; l'idée d'un combat corps à corps avec ce monstre de perfidie occupait délicieusement mon imagination.

» Ce plan de fureur fut exécuté. Burke descendait avec une femme vers la grande rue de New-York, lorsque je m'offris à ses yeux. Il recule saisi de surprise, je me précipite vers lui avec une violence extrême, et en l'accablant d'injures. Revenu de son premier étonnement, et me voyant sans armes, il veut faire usage de ses forces. Mais aussi nerveux, et plus adroit que lui, je détourne ses coups; chacun des miens trouve sa place, et produit son effet; brisé, meurtri, couvert de sang, il chancelle et tombe privé de mouvement. Je l'avoue à ma honte, j'allais le fouler sous mes pieds; mais les cris perçans de la femme témoin de cette terrible lutte avaient attiré une foule de monde. On veut me saisir; transporté de rage, j'arrache de la terre un pieu que j'aperçus près de moi, et frappe sans distinction sur tout ce qui m'entoure. Permettez-moi de ne pas continuer le récit d'une action dont le souvenir est un remords. Qu'il vous suffise de savoir qu'après une longue et opiniâtre résistance, accablé par le nombre toujours croissant de mes antagonistes, je fus enfin arrêté. Ma condamnation ne se fit pas attendre Elle me plongea dans un état de frénésie difficile à décrire.

» Vous savez ce qui se passa dans le greffe de la prison. Il fallut tout l'ascendant que le souvenir d'une mère dévouée peut avoir sur son fils pour rendre quelque calme à mon esprit. Mais ce fut bien une autre scène lorsqu'on voulut me forcer à travailler. Je repoussai cette idée avec indignation, et préférai le confinement solitaire. Là, je pris la résolution de me laisser mourir de faim. Pendant trois jours je refusai toute espèce de nourriture. Mes forces s'affaiblissaient, mais je n'en persistai pas moins dans mon coupable projet. Je voyais approcher avec délices le moment où j'échapperais pour toujours aux peines mortelles de la vie, et au tourment de la captivité. M. Patterson, instruit de ce nouvel incident, venait me voir, et m'exhortait à prendre des alimens.

Le pieux ministre de la prison, M. Pownal, s'était joint à lui, mais je restais inflexible. En vain on eut recours à ma mère, ses prières n'avaient plus de pouvoir sur moi, ses larmes ne me touchaient plus, je voulais mourir.

» M. Patterson avait recueilli ma mère atteinte d'une fièvre lente et consumée de chagrin. On résolut de tenter sur moi un dernier effort. Ce fut le quatrième jour de ma solitude, que vers les huit heures du matin j'entendis ouvrir la porte de mon cachot. Ma mère, soutenue par une jeune fille, s'avança vers mon lit. Cette jeune fille était ma chère Hannah. Elle m'apparut comme un de ces génies célestes qui président aux destinées humaines. Jamais la pitié pour le malheur ne s'était montrée sous des formes plus gracieuses, jamais tant de charmes ne furent unis à de plus touchantes vertus.

» Ne baissez pas les yeux, Hannah; mon

langage n'est point de la flatterie : je vous vois encore aujourd'hui telle que je vous vis quand votre premier regard me fit éprouver le désir de vivre et de vous consacrer ma vie. »

« Henry, mon cher Henry, s'écria ma mère, si vous rejetez encore mes supplications, je ne quitterai point ce lieu de douleur : nous mourrons ensemble. Sans le secours de cette chère enfant, je n'aurais pu me rendre auprès de vous. Elle plaint mon malheureux sort, vous seul vous êtes sans pitié ; elle s'unit à moi pour vous rappeler à vous-même. Voyons si vous serez asséz barbare pour nous faire essuyer un refus. »

« S'il en est temps encore, je consens à vivre, » répondis-je d'une voix presque éteinte. A ces mots, Hannah disparaît, et revient bientôt tenant dans ses mains une coupe d'un lait pur qu'elle posa près de moi. Elle suivait tous mes mouvemens d'un œil attentif, et, lorsque je portai la coupe à mes lèvres, un doux sourire anima ses traits. « Votre Henry est sauvé ! » dit-elle à ma mère.

» Pardonnez si je m'arrête sur des circonstances qui aujourd'hui doivent vous paraître sans intérêt Je suis comme ces vieux soldats qui aiment à raconter les chances diverses de leur fortune passée, et qui s'arrêtent avec complaisance sur les moindres détails des périls auxquels ils ont échappé.

» Vous n'êtes pas surpris, vous qui connaissez nos mœurs, de la démarche de Hannah. Les discours de M. Patterson, les plaintes touchantes de ma mère, la singularité des événemens dont j'étais victime, lui avaient inspiré le désir de me voir ; elle remplissait en même temps une mission de bienfaisance ; c'est une tentation à laquelle elle ne pouvait résister. »

« Il est sûr, répondis-je à Fitz-Allan,

que parmi nous autres Français la visite
dont vous me parlez aurait paru contraire
aux règles communes de la bienséance. Les
jeunes filles sont surveillées en France beaucoup plus sévèrement que dans ce pays-ci ;
mais, d'un autre côté, nos femmes sont
moins gênées que les vôtres ; elles se donnent des libertés qui vous paraîtraient in-
convenantes, et portent le plus légèrement
qu'elles peuvent le joug du mariage : « C'est,
disent-elles, la règle. » Il ne faut pas craindre qu'elles donnent jamais les mains à son
abolition. »

« Le temps n'est peut-être pas éloigné,
reprit Fitz-Allan, où les jeunes Américai-
nes auront moins de liberté qu'aujourd'hui,
et peut-être moins d'innocence. Les idées
européennes nous gagnent, et c'est, je crois,
un malheur. Mais je reviens au récit de
mes aventures.

» Aussitôt que j'eus pris la résolution de
vivre, ma mère devint plus tranquille, et

sa santé fut bientôt rétablie. On lui permit de me voir assidûment jusqu'à l'époque où j'eus recouvré mes forces. Hannah ne revint plus; mais son image était gravée dans mon cœur : sa présence exaltait mon imagination, enchantait mes rêveries. Je parlais d'elle à ma mère ; son nom chéri revenait sans cesse dans nos conversations. Je ne sais quel rayon d'espérance l'avenir offrait à ma pensée, mais j'éprouvais un calme qui n'était plus de l'abattement.

» Ma mère m'avait dit que miss Patterson demandait chaque jour de mes nouvelles, et qu'elle s'attendait à me voir remplir avec exactitude les nouveaux devoirs qui m'étaient imposés. Ces paroles me suffirent. Une fois mes forces revenues, j'acceptai du travail, et je choisis celui qui exigeait le plus de force et d'activité : je me fis charpentier. Je me plaisais à remuer de pesans fardeaux, à manier la hache, à équarrir des chênes énormes. Ce genre de labeur, qui

convenait à peu d'ouvriers, me rendit re-
commandable dans la maison, et m'attira
une sorte de déférence de la part des autres
prisonniers. Toutes les fois que M. Patterson venait exercer ses fonctions d'inspecteur, il demandait à me voir, et me parlait
avec interêt; il m'entretenait des avantages
d'une vie laborieuse, de la tranquillité d'esprit que procure une conduite régulière,
du bonheur attaché à la pratique de la vertu.
Ses entretiens duraient peu d'instans ; mais
ils laissaient des traces dans ma pensée et
des impressions dans mon cœur.

» M. Pownal entreprit, de son côté, de
m'inspirer des sentimens religieux. Jusqu'à
cette époque je m'étais peu occupé de religion; je pensais bien plus au présent qu'à
l'avenir; j'avais une extrême indifférence
pour tous les cultes, et je regardais en général les prêtres comme des hommes ambitieux qui ne songeaient qu'à exploiter,
dans des vues terrestres, la crédulité des

peuples. J'avouai franchement à M. Pownal ce que je pensais à ce sujet.

« Il y a sans doute de mauvais prêtres, me répondit-il avec douceur, et le nombre en est plus considérable que ne l'exigerait l'intérêt de la morale; mais on les reconnaît à des signes certains. Ils sont superbes et intolérans; ils aiment à se mêler des choses temporelles; leur langage est rempli d'amertume, et ils n'aspirent qu'à la domination. Mais n'en est-il pas ainsi dans toutes les professions, et le mal n'est-il pas toujours à côté du bien? Il y a beaucoup de mauvais médecins, et cependant l'art de guérir est un art salutaire. Il en est de même de la religion; pourquoi la rendriez-vous responsable des vices et des fautes de ses ministres? Il faut l'examiner en elle-même, et juger si ses préceptes ne tendent pas au bonheur de l'homme et à celui des sociétés. »

» Je m'aperçois, dit Fitz-Allan en prononçant ces dernières paroles, que je me suis laissé entraîner dans ma narration plus loin que je ne l'avais résolu; il commence à se faire tard, et je ne veux point satisfaire votre curiosité aux dépens du repos si nécessaire à un voyageur. Demain je vous conterai le reste de mes aventures. »

« Elles m'inspirent le plus vif intérêt, lui répondis-je; c'est un cours de morale pratique dont je ferai mon profit : demain je vous sommerai de tenir votre promesse. »

A. J.

VINGT-HUITIÈME CONSOLATION.

SUITE DU PRISONNIER DE NEW-YORK.

Beatus ille qui, procul negotiis,
Ut prisca gens mortalium,
Paterna rura bobus exercet suis,
Solutus omni fœnore.

HOR.

Heureux qui de ses mains, comme nos premiers pères,
Cultive en paix ses champs, et vit libre d'affaires.

DARU.

LE lendemain il m'arriva de me lever assez tard. Je me rendis au salon, où je trouvai toute la famille réunie. On me fit agréablement la guerre sur un acte de paresse qui convenait si peu à ma qualité de voyageur. Hannah me dit même avec malice qu'on voyait bien que j'avais conservé les goûts de l'Europe, et que je serais un fort mauvais fermier américain. La familiarité de ce langage me fit plaisir ; je vis qu'on ne me traitait pas en étranger. Le déjeuner était servi : c'était un repas à l'écossaise, du thé, du café, des œufs frais, des rôties au beurre, des tranches de bœuf fumé, des galettes très-minces de blé sarrasin et une jatte de crème.

Le déjeuner fini, Fitz-Allan me proposa de descendre le coteau avec lui, et d'aller visiter les bords du lac qui, en certains endroits, offrent des paysages délicieux. J'acceptai l'invitation, et comme nous sortions ensemble, il me dit : « Je n'ai point oublié l'engagement que j'ai contracté hier avec vous, nous pourrons causer en nous promenant. » Je le remerciai de sa complaisance, et me disposai à l'écouter avec attention.

« Je vous ai appris, me dit-il, que j'avais
des idées peu favorables à la religion, et que
le vénérable M. Pownal s'efforçait de les rec-
tifier. Sa méthode était simple ; il me faisait
lire l'Évangile, et s'arrêtait principalement
sur les points de morale. Je me souviens
encore de l'émotion que me causèrent les
paraboles de l'enfant prodigue et du Sama-
ritain. « Ne trouvez-vous pas, me disait-il
un jour, que les préceptes évangéliques sa-
tisfont votre raison et vous paraissent tellement conformes à la nature de l'homme,
qu'ils semblent plutôt des réminiscences que
des instructions ? C'est un caractère sacré
dont ils sont empreints et qui les fera vivre
éternellement. Songez d'ailleurs que le sentiment religieux est ce qui distingue l'homme
des autres créatures qui restent attachées à
la terre, et dont les regards ne s'élèvent
point vers les cieux. Cette grande pensée de
Dieu est l'âme et la vie des sociétés humaines ; c'est l'astre moral qui nous échauffe et

nous éclaire ; s'il disparaissait, les cœurs seraient de glace, et notre intelligence plongée dans d'épaisses ténèbres. »

» C'est par de pareils discours que notre ministre m'attirait insensiblement vers un nouvel ordre d'idées, et, en me forçant à la réflexion, m'inspirait des sentimens d'ordre et de justice. Il me mettait aussi entre les mains des livres dans lesquels l'agrément s trouvait uni à l'instruction. Mes momens de loisirs étaient consacrés à la lecture des historiens, des poëtes, des moralistes. Mon caractère s'adoucissait par degrés. Un autre puissant motif animait mes nouvelles études : je voulais me rendre digne de ma chère Hannah.

» Ce changement de conduite m'attirait des égards. On permettait à ma mère de me voir souvent ; elle m'entretenait de miss Patterson ; elle lui parlait aussi de moi. Chaque dimanche, Hannah venait assister aux prières dans l'église de la prison. Je ne pouvais lui parler, mais du moins je la voyais, je rencontrais même quelquefois ses yeux ; un simple regard me donnait du courage pour la semaine entière.

» Ainsi coulaient mes jours dans une alternative de travaux et de loisirs utiles. A mesure que mon esprit s'éclairait, les passions qui m'avaient tourmenté jusqu'alors se calmaient, le beau et l'honnête me causaient de douces impressions ; j'apercevais mieux le but de la vie humaine ; j'attachais du prix à ma propre estime, et j'aimais à remplir mes devoirs.

» Il y avait déjà dix-huit mois que durait ma détention, lorsqu'un événement inattendu vint en abréger la durée. C'était pendant une nuit sombre du mois de novembre ; le froid était sec et rigoureux. Vers les deux heures du matin, je fus réveillé par un mouvement extraordinaire, comme si la prison était le théâtre de quelque grande catastrophe. Je cherchais la cause de cette agitation, lorsqu'un tourbillon de fumée, poussé par le vent, roula sous ma fenêtre et remplit ma chambre. La maison était en feu. Je voulus sortir : je trouvai ma porte fermée, et jugeai que, dans le trouble général, personne n'avait pensé à moi. Je sentis aussitôt que les cris que je pourrais jeter expireraient dans le tumulte, et je m'armai de courage. Un énorme levier, qui me servait dans mes travaux, se trouva sous ma main ; je le saisis, j'en frappai la porte à coups redoublés. J'eus besoin de la force peu commune dont m'avait doué la nature pour ébranler les gonds massifs de cette porte maudite, et m'ouvrir un passage. Armé de mon levier, je me précipite dans le corridor ; j'étais prêt à descendre l'escalier lorsqu'un cri de désespoir frappe mon oreille : c'était la voix d'un vieillard qui avait aussi été oublié dans une cellule voisine. Quoique le danger s'approchât, je ne pus résister au désir de sauver ce malheureux ;

je fis sauter en éclats la porte de son réduit, moins solide que celle du mien, et,
à la lueur des flammes dont les flots on-
doyaient sous sa fenêtre, je l'aperçus appuyé
sur son lit, et presque suffoqué par la fumée. Je lui dis de me suivre ; mais soit
terreur, soit faiblesse, il restait immobile.
Je le charge sur mes épaules, et m'avance
vers l'escalier, le feu en dévorait un des
côtés ; je descends rapidement au milieu de
la fumée et des jets de flammes qui me
forçaient sans cesse à fermer les yeux ; au
moment où j'atteignais la porte, une pou-
tre embrasée se détache et tombe derrière
moi avec un bruit effrayant. On m'avait
cru perdu ; des acclamations s'élevèrent de
toutes parts lorsqu'on me vit reparaître.
M. Patterson, qui était accouru au danger,
se trouvait parmi les spectateurs : « Henry,
me dit-il, vous venez de faire une bonne
action, Dieu vous en récompensera. »

» Le feu augmentait de violence, et pour

surcroît de malheur les eaux de tous les réservoirs étaient glacées. Il fut décidé qu'on couperait la communication du pavillon, qui était en proie aux flammes, avec le principal corps de logis. Je pris une hache et me mis au nombre des travailleurs. Dans les grands dangers chacun se met naturellement à sa place, et un accord unanime quoique tacite me confia la direction du travail. Je m'acquittai avec zèle de cette tâche ; nous redoublâmes d'efforts, et nous parvînmes à sauver le bâtiment principal. J'étais excédé de fatigue, ma main droite avait été fortement brûlée. L'ordre rétabli, j'entrai dans la grande salle où je trouvai réunis les inspecteurs de la maison, les principaux magistrats de la ville, et le gouverneur Clinton lui-même. Ce vénérable patriote m'adressa la parole en termes affectueux : « Je sais, dit-il, quelle a été votre conduite dans cette maison. L'œuvre d'humanité que vous venez d'accomplir, les services que vous avez rendus dans cette déplorable circonstance, justifieront l'usage de la prérogative que j'exerce en votre faveur : dès ce moment vous êtes libre. » Tous les assistans applaudirent à cet acte de clémence, et M. Patterson me dit en me serrant la main : « Allez voir votre mère, elle vous attend chez moi. »

» Je n'essaierai de retracer ni les délicieuses sensations dont j'étais saisi, ni le ravissement de ma bonne mère lorsqu'elle me pressa sur son cœur. Elle avait tout appris; Hannah était avec elle, et je crus apercevoir sur son visage céleste les traces d'une secrète émotion. Ma mère, voyant que j'avais une main déchirée, courut à la hâte chercher un baume dont elle connaissait les vertus. Pendant ce temps Hannah voulut examiner ma blessure; elle baissa la tête, et je sentis une larme tomber sur ma main brûlante. O puissance indéfinissable d'un vertueux amour, qui pourrait peindre tes délices ! Nos âmes s'entendirent, nos cœurs s'enlacèrent dans ce moment pour ne se détacher qu'à la mort ; il n'y a point de langage humain qui puisse exprimer une telle situation.

« Chère Hannah, m'écriai-je, que je suis heureux de vous voir, de vous parler, de respirer le même air que vous ! » Elle releva la tête et me dit d'une voix émue : « Vous souffrez ! » « Non, répondis-je, il n'y a point de souffrance auprès de vous, vous charmez la douleur, vous êtes un ange de bonté. » Je ne sais quel mouvement irrésistible nous entraîna , mais nos lèvres se touchèrent , et le ciel reçut notre serment d'amour.

» Je ne veux point vous fatiguer de détails oiseux. J'avais gagné par mon travail une somme assez considérable qui me fut remise. Je me retirai avec ma mère dans une maison de Greenwich-street, où j'établis un vaste atelier de charpenterie que je dirigeai avec succès. Mes ouvriers étaient nombreux, et je ne manquais pas de travail. Je vivais honorablement et jouissa; dans la ville d'un haut degré de considération. Ma mère, versée dans l'économie du ménage, réglait mes dépenses. M. Patterson venait me voir, et me recevait chez lui. Nous nous entendions parfaitement Hannah et moi; j'étais indépendant, et la perspective de mon bonheur n'était pas éloignée.

» Dans ces circonstances la fièvre jaune se déclara à New-York. Elle fit de grands ravages et causa une consternation générale; chacun cherchait à s'éloigner de ce foyer ardent de contagion; la ville se dépeuplait, et cependant le nombre des victimes augmentait chaque jour. Toute maison frappée de ce fléau était à l'instant même abandonnée. Les liens de famille semblaient rompus. Des fils quittaient leurs pères, des femmes délaissaient leurs maris, quelquefois même leurs enfans : personne ne songeait

aux vieillards. Le sentiment du danger indi-
viduel absorbait toutes les affections domes-
tiques et donnait l'idée d'une dissolution
complète de la société. Quelques médecins
courageux, quelques vénérables ministres
de l'Évangile bravaient seuls l'imminence
du péril et portaient quelques secours, quelques consolations aux pestiférés.

» M. Patterson et Hannah furent des premiers atteints de la contagion. Tous leurs ser-
viteurs s'enfuirent; ils restèrent seuls. Ma
mère et moi nous accourûmes près d'eux
pour ne plus les quitter; je veillais près de
M. Patterson, ma mère prenait soin de sa
tendre fille. Ces soins pieux ne se relâchè-
rent pas un instant. Le docteur Brown
était attaqué de la même maladie : et
cette nouvelle augmenta les souffrances
de son ami. Des symptômes effrayans
se manifestèrent bientôt sur son corps.
Dans l'espace d'une nuit, sa peau devint
jaune comme du safran, et ses yeux

commencèrent à s'éteindre. Jugez de mon désespoir dont j'étais forcé de réprimer la douloureuse expression! Une soif brûlante que nulle boisson ne pouvait satisfaire, une prostration complète des forces physiques, tout m'annonçait le funeste événement sur lequel je n'osais arrêter ma pensée. M. Patterson voyait arriver l'instant fatal avec résignation. « Mon cher fils, me dit-il, vos espérances sont vaines, et vous vous exposez inutilement pour me conserver la vie. Fuyez cette terre que visite le courroux du ciel. Sans doute ma fille n'est plus; rien ne m'attache au monde que mon amitié pour vous. Vivez et soyez heureux! »

« Votre fille existe, lui dis-je; ma mère est auprès d'elle, et répond de ses jours. »

» Cela suffit, répondit ce bon père, » et un dernier rayon de joie brilla faiblement dans ses yeux.

« Le sacrifice est grand, mais il faut qu'il s'accomplisse. Que la volonté de Dieu soit faite! Mon cher Henry, mon fils, je vous recommande ma chère Hannah; soyez son protecteur! »

» Je tâchais de réchauffer ses mains glacées dans les miennes; je le suppliais d'espérer encore, lorsque ses membres furent agités d'un mouvement convulsif. La mort avait saisi sa proie. J'étais plongé dans la douleur; mais je n'abandonnai point les restes sacrés de mon bienfaiteur. Je ne voulus point qu'ils fussent déposés dans le fatal tombereau, qui deux fois chaque jour parcourait les divers quartiers de New-York, et retournait au lieu commun de la sépulture où les corps étaient jetés sans distinction dans de vastes fosses. Je plaçai moi-même dans le cercueil la dépouille mortelle de l'homme juste et bienfaisant à qui je devais l'honneur et la vie;

je l'arrosai de mes larmes, et le transportai au cimetière de l'Est, où je le déposai dans sa dernière demeure. J'en marquai soigneusement la place, et j'y ai fait depuis élever un monument funéraire entouré d'arbres et de fleurs.

» Souffrez que je termine ici cette pénible narration. Vous devinez sans peine les événemens qui suivirent ce grand malheur. Grâces aux soins de ma mère, Hannah recouvra la santé. Elle n'apprit la perte qu'elle avait faite que lorsqu'elle eut acquis assez de force pour la supporter. Nous résolûmes de ne plus nous séparer; et, après les délais convenables, notre mariage fut célébré par notre respectable ami M. Pownal. Le séjour de la ville nous était devenu pénible. J'achetai cette ferme où nous passons des jours heureux, et où la salubrité de l'air nous défend de cette contagion dont le seul souvenir nous fait encore frémir, et que nous craindrions surtout pour nos enfans. »

Je remerciai Fitz-Allan de sa complaisance, et le félicitai d'avoir, après tant de traverses, rencontré le repos et le bonheur. « Vous ne pensez plus, lui dis-je, à votre Irlande ? » — J'y pense encore, répondit-il, mais c'est pour la plaindre des troubles qui l'agitent, et de l'intolérance britannique qui prive de ses droits légitimes une partie considérable de sa généreuse population. Mais ici est la terre de la vraie liberté, c'est ici la patrie commune des infortunés, des victimes de la tyrannie ; je ne la quitterai jamais. »

« Voilà mon histoire finie, dis-je à mon compagnon de Sainte-Pélagie. Qu'en pensez-vous ? » — « Je pense que vous feriez bien de la rédiger et d'en faire le sujet de quelques-unes de nos consolations. Il s'y trouve des choses dont un gouvernement sage pourrait profiter. »

— « Je suivrai votre conseil ; mais croyez
que la nécessité seule corrige le pouvoir ; la
raison n'y peut rien. »

A. J.

VINGT-NEUVIÈME CONSOLATION.

SOUVENIRS DE PRISON.

. . . Forsan et hæc olim meminisse juvabit.

IL est bien digne de remarque que l'histoire ramène sous des noms différens un événement tout-à-fait semblable à deux siècles de distance, et il est honorable pour les femmes que cet événement soit un trait d'héroïsme conjugal. Voici comment une ancienne chronique rend compte du dévouement de la femme de Grotius.

« Le très-illustre Grotius fut tiré de geòle
» et souffrance par le conseil et industrie
» de Marie de Regelsberg, sa femme légi-

» time. Elle avait fait cette remarque à
» propos d'un grand coffre rempli de livres
» et linge, lequel allait et revenait de Lou-
» vestein à Gorcum, et de Gorcum à Lou-
» vestein, que les geôliers avaient perdu la
» constance de l'ouvrir, visiter et fouiller
» ainsi qu'ils faisaient d'abord. Sur quoi elle
» conçut le dessein de faire entrer son mari
» dans ladite malle, après l'avoir bien dex-
» trement forée et percée de trous faits au
» villebrequin pour qu'il pût mettre de ce
» côté sa tête et respirer l'air du dehors.

» Grotius donna les mains à cette fourbe,
» se mit dans le coffre, et fut porté sans
» embarras aucun à Gorcum, chez un sien
» ami qui le garda et recéla bien quelque
» temps; puis il alla à Anvers et passa aisé-
» ment partout, une règle de menuisier à la
» main et portant le costume de son état.

» Cependant la femme prétendait que
» son mari était bien malade et qu'elle le
» soignait elle-même dans sa prison, et sou-

» tint ainsi cette comédie jusqu'à ce qu'il n'y
» eût plus moyen de le recouvrer. Alors se
» mit à dire aux gardes, se moquant d'eux
» et les narguant : *Oui-dà, les oiseaux ne*
» *sont plus dans la cage !* Grande rumeur
» parmi les juges qui d'abord voulurent
» procéder criminellement contre elle;
» voire même plusieurs opinèrent à la te-
» nir en prison perpétuellement en place
» de son mari; mais par la pluralité des
» voix cette belle héroïne fut acquittée et
» louée de tout le monde. »

Ne croit-on pas lire l'histoire de madame
de Lavalette? avec moins d'intérêt cependant; car il ne s'agissait pour Grotius que
d'abréger le temps de sa prison ; et l'échafaud de M. de Lavalette était dressé. Si le
fond de ces deux aventures est le même,
combien les suites en furent différentes!
La femme de Grotius trouva dans la liberté
qu'elle avait rendue à son époux le bonheur
et la gloire du reste de sa vie. Quand ma-

dame de Lavalette revit son époux, l'effort de son courage avait brisé sa raison, et sa pensée absente ne lui laissait pas même la consolation de reconnaître l'objet de son héroïque dévouement.

Une partie de l'histoire de l'Europe est ensevelie dans ses prisons : c'est un ouvrage qui manque, et qui serait d'un intérêt extrême. Les règnes de Louis XIII, de Louis XIV et de Louis XV se trouveraient presque tout entiers dans les *Annales de la Bastille.*

Henri IV se contenta d'y faire mettre le *trésor public.* En 1790 on trouva dans un des cachots de la Bastille un exemplaire complet de l'*Encyclopédie*, qu'on y avait enfermé vingt-cinq ans auparavant.

Le duc de Guise, devenu maître de Paris en 1588, s'empara de la Bastille, et nomma Bussy-le-Clerc gouverneur de cette prison d'état : ce Bussy, procureur au parlement, conduisit lui-même à la Bastille tous les membres de cette illustre compagnie, laquelle refusait de délier les Français, en faveur de Guise, de leur serment d'obéissance à Henri III. Présidens et conseillers en robe rouge, réduits à la *demipistole*, furent mis au pain et à l'eau; une semaine de ce régime épuisa leur constance et leur fidélité.

On sait qu'il existait à Bicêtre, avant la révolution, quatre cachots noirs, infects, humides, de six pieds de long, sur quatre de large; véritables foyers de mort où l'air entrait avec tant de peine, par des ouvertures obliques, que la flamme des torches s'éteignait faute d'aliment; soixante livres de chaînes pesaient sur les malheureux que l'on descendait vivans dans ces tombeaux. A son avénement au ministère, M. Necker fit mettre en liberté le seul condamné qui eût survécu deux ans à cet affreux supplice : le ministre était présent à la sortie de ce prisonnier. Remonté à la surface de la terre, cet infortuné chancelait à chaque pas comme un homme pris de vin; un mot du ministre témoigna qu'il s'y trompait : « Hélas! monsieur, lui dit l'infortuné, il y a deux ans que je n'ai bu que de l'eau fétide; c'est l'air pur qui m'enivre. »

Le pacifique cardinal de Fleury, dans la seule affaire de la Bulle, a signé trente mille lettres de cachet.

Combien de pères déshonorés après une vie infâme se sont portés accusateurs de leurs fils pour quelque désordre de jeunesse, et ont obtenu contre eux des lettres de cachet! Combien de femmes impudiques se sont débarrassées de leurs maris par les mêmes moyens! M. de Saint-Florentin a eu pendant quinze ans le monopole des lettres de cachet.

Bacon, qui aurait pu se donner pour exemple, assure qu'il n'y a point de fortune possible sans persécution : il faut, disaient les Romains, manger le serpent pour devenir dragon (*Serpens nisi serpentem comederit non fit draco*); et cependant combien d'exceptions à cette règle ! Que de persécutions n'ont eu pour suite que leurs propres peines !

Je ne sais à quel prisonnier de Sainte-Pélagie on doit cette maxime que j'ai trouvée inscrite sur un des murs du corridor Rouge.

— Pour que je connaisse un homme, condamnez-le à un mois de prison s'il est heureux, et à un mois de prospérité s'il est pauvre.

— Je voudrais qu'au même instant on pût connaître ce qui se passe dans le cœur des hommes qui habitent deux sortes d'édifices, les *palais* et les *prisons* : on verrait de quel côté se trouveraient la bassesse dans l'orgueil, l'ambition dans l'oisiveté; le désir le plus immodéré de s'enrichir sans travail; l'aversion la plus profonde pour la vérité; la flatterie, la trahison, le mépris des devoirs de citoyen, la haine de la vertu , l'amour du vice, le ridicule versé sur tout ce qui est bon, juste, honnête. — « Dans les palais, » répond Montesquieu, à qui j'emprunte ces lignes. Il ajoute : « C'est là , dans tous les lieux, et dans tous les temps, le caractère des habitans des palais. » Tout président à mortier qu'il était, ce Montesquieu, il faut en convenir , était un bien grand philosophe.

E. J.

TRENTIÈME CONSOLATION.

LA DERNIÈRE SEMAINE.

> La coutume maîtrise nos âmes, nos
> créances, nos jugemens, d'une
> très-injuste et tyrannique autorité.
> CHARRON,
> *De la Sagesse*, livre II, chap. 8.

LE mois de ma détention est sur le point
d'expirer; demain je verrai s'éclaircir le
front soucieux du gardien de Sainte-Pélagie; il m'ouvrira cette porte massive que sa
main docile avait fermée sur moi. Demain
je me séparerai des compagnons de captivité dont j'ai partagé le sort, et dont j'em-

porterai le souvenir. Souvent, lorsque je respirerai un air pur, lorsqu'il m'arrivera de parcourir les rians coteaux de la Marne, ma pensée reviendra dans ce séjour de mélancolie, dans cette obscure enceinte où des hommes estimables, victimes de nos divisions politiques, attendent l'époque de leur liberté. Puisse le temps passer légèrement sur eux! Puissent-ils recevoir les consolations de l'amitié, et puiser un nouveau courage dans l'espérance d'un meilleur avenir!

Pourquoi l'homme n'éprouverait-il pas les mêmes sentimens lorsque, parvenu au déclin de l'âge, son âme est sur le point d'échapper à sa prison terrestre? Il plaindrait les parens, les amis qu'il laisserait derrière lui, et qui, au milieu des joies trompeuses et des peines réelles de la vie, auraient encore à subir quelques années de captivité. Croyons que dans ce moment l'âme humaine, où naît et vit la pensée, jouit enfin de sa liberté; que la mort, com-

me un geôlier complaisant, lui ouvre l'entrée de ce monde invisible, dont les esprits,
dégagés des formes matérielles, peuplent
l'immensité. Ainsi s'évanouiraient les fan-
tômes qui à cette heure suprême poursui-
vent notre faiblesse. Nous nous séparerions
de nos amis comme un prisonnier, sur le
point d'être libre, prend congé des captifs
dont la délivrance n'est pas éloignée, et qu'il
a l'espoir de retrouver un jour. Il n'y aurait ni amertume dans les larmes, ni désespoir dans le cœur.

Il n'y a dans la prison, comme dans la
vie, que deux grandes époques; l'entrée et
la sortie. Les premiers jours de l'une, comme les premières années de l'autre, paraissent interminables; mais lorsque vous êtes
arrivés à un certain période, ils se précipi-
tent avec une vitesse extrême. La dernière
semaine de la prison, comme la dernière
saison de la vie, s'écoule rapidement et ne
laisse dans la mémoire que des traces fugi-

tives. Alors on ne compte pas plus les jours que le vieillard ne compte les années. Je voudrais qu'on m'expliquât clairement ce phénomène.

Si les hommes regrettent la vie, c'est qu'ils ont contracté des habitudes invétérées qu'on a bien définies en les appelant une seconde nature. Le temps serre les liens qui nous attachent à nous-mêmes; plus l'imagination perd de sa force et l'esprit de ses ressorts, plus l'existence purement animale acquiert d'ascendant. De là vient que dans la jeunesse la mort inspire moins d'effroi que dans l'état même de caducité; la vieillesse chérit et ménage la vie comme un avare le trésor où son cœur est placé. Le jeune homme fier, ardent, généreux, risque avec enthousiasme son existence pour son pays, pour la gloire, pour l'amour; mais combien ne voit-on pas de vieillards vivre uniquement pour eux-mêmes! il n'y a plus d'expansion dans leurs sentimens; ils voient tomber à côté d'eux avec une glaciale indifférence leurs anciens amis, et jusqu'à leurs propres enfans. Il n'y a de séparation pénible pour la décrépitude que celle qui l'arrache de cette terre, où elle semble avoir pris racine. C'est un mot profond que celui que Molière a mis dans la bouche de son vieil avare : « Il faudra vous assommer, lui dit Frosine; vous mettrez en terre et vos enfans et les enfans de vos enfans. » — « Tant mieux, » répond Harpagon.

On a fait des observations du même genre sur des captifs, qui, après avoir passé un temps considérable dans leur prison, ne voulaient plus en sortir. J'ai souvent entendu raconter par un de mes amis l'histoire d'un homme qui, pendant cinquante ans, avait été renfermé dans la forteresse de Pierre-Encise, près de Lyon. L'ordre arrive enfin de le rendre à la liberté; mais cet homme s'était fait à sa prison; il avait pris des habitudes qu'il lui aurait été pénible de rompre ; il redoutait d'entrer dans un monde inconnu, où il ne retrouverait aucune connaissance, aucun ami, et où il serait forcé de donner un nouveau cours à ses idées. Cette perspective le rendait malheureux. Toute réflexion faite, il refusa la liberté, et supplia qu'on lui permît de rester à Pierre-Encise. Cette faveur lui fut accordée : il aimait la prison comme un vieillard aime la vie.

Je ne suis pas encore assez familiarisé avec la captivité pour éprouver un pareil sentiment ; je ne regretterai point Sainte-Pélagie. J'éviterai même d'y rentrer, si cela est possible pour un écrivain libéral dans le temps où nous sommes. Mais l'on me dira : « Qui vous force d'écrire ? qui vous oblige d'imprimer vos pensées ? Vous connaissez le péril, et vous y courez ! Quelle est donc cette manie qui vous met sans cesse la plume à la main, qui vous expose aux commentaires du parquet et aux traits malins de la critique ? » — Je répondrai tout simplement que c'est l'habitude : je ne connais pas de meilleure raison. J'ai pris l'habitude de penser et de publier mes pensées bonnes ou mauvaises. Je les donne pour ce qu'elles valent ; je profite des conseils lorsqu'ils viennent d'une critique raisonnable et impartiale ; je fais peu d'attention à l'injustice et à la malignité. D'ailleurs ne m'a-t-on pas dit que j'étais libre de publier mes opinions ? J'entends bien que cette liberté n'est pas de la licence ; aussi je respecte tout ce qui est respectable, mais j'use ensuite pleinement de mon droit légal. Quand j'ai dans la tête une pensée que je crois utile, elle me tourmente jusqu'à ce qu'elle en soit sortie et qu'elle ait vu le jour. Que puis-je faire à cela ?

Cette habitude insurmontable m'a suivi à Sainte-Pélagie, et je n'en suis pas fâché ; elle a rempli quelques momens qui auraient pesé sur moi ; elle m'a fait oublier une situation dont la nouveauté, ce qui est assez rare, n'a point de charmes. Il faut une occupation dans la solitude ; la mienne est d'écrire. Je suis placé entre deux sous-officiers d'un caractère fort aimable. Ils se sont aussi donné une tâche, et se plaisent à élever des serins. Je les ai vus avec intérêt soigner leurs couvées et nourrir leurs petits oiseaux avec sollicitude. — » Voilà, me direz-vous, une occupation bien frivole. » — « Vous vous trompez ; elle fixe les idées, et c'est beaucoup dans la captivité : pour moi, je ne changerais pas ces douces occupations pour celles d'un procureur général. »

Que me parlez-vous de soins importans dans la vie ? L'orgueil de l'homme grossit tout à ses yeux ; et cependant Salomon a eu raison de dire que tout est vanité. « Je veux être immortel, me dit ce poëte qui compose laborieusement un madrigal, ou qui se tourmente sur un poëme épique. » — « Eh, mon ami, fais des vers ou de la prose si cela t'amuse, mais laisse là ton immortalité! Crois-tu qu'il soit bien sûr qu'Homère lui-même soit immortel! As-tu pensé aux grandes catastrophes qui menacent continuellement notre pauvre petit globe, aux invasions de la barbarie, à l'irruption de l'ignorance? Crois-tu que la race des Omar soit éteinte? Qui t'a dit que dans vingt ou trente mille ans d'ici il serait question de ce qui nous semble aujourd'hui si précieux, qu'on trouverait sur la terre des bibliothéques, des athénées et des professeurs de latin ou de grec? Si quelques livres surnagent dans le naufrage universel, peut-on savoir ceux que le hasard épargnera? C'est peut-être un ouvrage inconnu, même aux biliomanes, qui charmera nos arrière-petits-neveux. Tu vois cet enfant qui effeuille des roses, il est plus sage que toi. »

Les découvertes des voyageurs modernes nous ont appris que les vestiges d'une civilisation oubliée existaient en Égypte, que l'intelligence humaine s'arrêtait devant cette langue des hiéroglyphes sans cesse interrogée, et qui reste muette comme le marbre où elle est gravée. Ce qui est arrivé une fois ne peut-il pas arriver encore? Nul doute que dans ces temps privés de souvenirs, il n'existât des hommes avides de gloire et d'immortalité; ils ont pensé, ils ont écrit, ils se sont légués à un avenir qui ne les connaît pas, qui jamais ne les connaîtra. Soyons donc moins fiers de nos occupations: tâchons de les rendre utiles et agréables, et laissons le reste à la fortune.

Je voudrais fondre l'amour de la gloire dans celui de la vertu. L'humanité y gagnerait; car, il faut bien en convenir, ce que nous nommons stupidement la gloire coûte aux nations beaucoup plus qu'elle ne vaut. Je le dis à regret, car je ne suis pas encore tout-à-fait guéri de ce sot préjugé qui nous fait voir de la gloire dans le gain d'une bataille où la justice est souvent du côté des vaincus. Je sens que j'ai tort; mais que les progrès de la raison sont lents et difficiles ! une seule idée fausse peut être le fléau des sociétés.

Si l'homme avait une dose suffisante de bon sens, il n'attacherait la gloire qu'à des actes éclatans d'humanité, de justice, qu'aux œuvres de génie empreintes d'une bonne morale. J'accorderais volontiers de la gloire aux rois qui épargneraient le sang de leurs peuples, aux guerriers qui ne combattraient que pour la défense de leurs foyers, aux magistrats qui tiendraient dans un parfait équilibre la balance de la justice, aux savans qui feraient une découverte utile, aux écrivains, aux poëtes dont les nobles inspirations feraient aimer la patrie, la vertu, la liberté; je souhaiterais même que cette gloire fût immortelle pour le bonheur des hommes. Mais ces vœux ne changeront rien au cours des choses; notre civilisation

est entrée dans une fausse route, elle y res-
tera.

Je voudrais, en attendant mieux, qu'on
s'occupât des êtres que la loi exile pour un
temps de la société; je voudrais qu'on se
souvînt un peu que ces captifs sont des
hommes, et que toute rigueur inutile exer-
cée contre eux est un outrage à l'humanité. Qu'ils subissent leur peine, rien de
mieux; mais s'ils ne peuvent se procurer
les objets de première nécessité, que la
société y pourvoie. Que le caprice d'un
homme, quel qu'il soit, n'aggrave point leur
peine; qu'on ne renferme point deux prisonniers dans un local, déjà assez étroit pour
un seul; qu'on sépare l'homme honnête de
l'homme vil; que la haine, la vengeance,
s'arrêtent du moins à la porte des cachots!
Voilà des vœux désintéressés, car ce n'est
pas de moi qu'il s'agit; mais j'ai souffert des
souffrance des autres. Si ces vœux étaient

exaucés, je me rappellerais avec plaisir mon passage à Sainte-Pélagie ; mais il est temps de finir ; ma dernière semaine de prison est expirée.

A. J.

TRENTE-UNIÈME CONSOLATION.

NOTRE SORTIE DE SAINTE-PÉLAGIE.

Ut homines et tempora sunt, ita morem geras.
PLAUTE.

(Il faut prendre le temps et les hommes comme ils viennent.)

C'EST la troisième fois que l'on me met en prison; la première , j'y fus envoyé par l'ordre d'un comité révolutionnaire; la seconde, par un arrêté du directoire, et je m'y trouve aujourd'hui par un arrêt de cour royale , et toujours pour le même motif. Cette singularité pourrait me fournir le texte d'une consolation bien piquante, mais je n'ai que quelques heures à passer à Sainte-Pélagie, et je veux les employer à fixer quelques-uns de mes souvenirs de prisonnier.

La première chose que je remarque, en généralisant pour moi cette idée, c'est l'influence de l'âge sur cette même situation de ma vie.

J'ai passé cinq mois en prison au temps de la terreur, la liberté ne pouvait s'offrir à mes yeux que sous les traits de la mort; mais j'avais vingt-deux ans, et je ne sais par quel prestige d'une imagination de cet âge, j'embellissais jusqu'à ce moment terrible. Quelques fragmens épars d'un écrit commencé dans ma prison d'Arras me rappellent qu'une seule pensée occupait alors mon esprit, celle d'attacher à ma mort une sorte d'éclat qui préservât ma mémoire d'un entier oubli : j'ai trop de raison et trop d'amour-propre aujourd'hui pour entrete-

nir mes lecteurs des projets que me suggéra
cette monomanie.

Mon incarcération à Lille, après le 13
vendémiaire, me trouva moins résigné à
l'injustice des hommes ; mais j'en avais sous
les yeux une victime trop courageuse pour
ne pas m'armer d'un si noble exemple contre la persécution. M. le duc de Choiseul
était alors mon voisin de cachot : citer son
nom , c'est proclamer le triomphe d'une
âme forte et généreuse dans l'une et l'autre
fortune.

Chargé de plus d'un demi-siècle je me
retrouve encore sous les verrous ; mais,
éclairé cette fois par l'expérience et par
l'habitude de réfléchir, je m'aperçois que
mon caractère, sans cesser d'être décisif,
est devenu plus indulgent : où je voyais des
causes personnelles de haine je ne trouve
plus que des raisons générales de mépris :
je suis fatigué d'indignation.

Cette situation d'esprit n'a pas peu contribué à me faire supporter patiemment mon séjour à Sainte-Pélagie, où je veux consigner en quelques lignes notre manière de vivre.

Nous nous levons, comme M. le baron de la Dandinière, avec le soleil ; il m'est arrivé plusieurs fois d'être plus matinal que lui, et d'être surpris la plume à la main par le bruit de mes verrous qui s'ouvraient, à cinq heures, comme ceux des autres prisonniers.

Notre toilette achevée (on n'en fait qu'une en prison), nous descendons au jardin, où nous sommes bientôt joints par quelques compagnons d'infortune de notre choix, dont l'entretien contribue plus efficacement encore que le cigare à nous faire passer agréablement une heure, pendant laquelle un garçon de corridor fait notre chambre. Après un déjeuner frugal, dont le thé et le beurre font tous les frais, nous nous mettons au travail, chacun de notre côté, jusqu'à l'heure de nos visites. Cette partie de la journée, à laquelle nous avons dû les momens les plus doux que nous ayons passés dans notre prison, nous a fourni quelques consolations épisodique dont nous avons eu soin d'enrichir notre ouvrage.

Nous dînons tête à tête, et soit que la prison aiguise l'appétit, soit que nous jugions des mets qu'on nous sert par comparaison avec le pain bis et la soupe maigre que l'administration des prisons accorde à ses plus pauvres commensaux, toujours est-il que chacun de nos repas nous a fourni l'occasion de faire l'éloge de la cuisine de notre traiteur, M. Lenfant, qui vaut, à tout prendre, beaucoup mieux que sa réputation. Ce que nous en disons n'est pourtant pas avec l'intention de le mettre en vogue, car nous désirons sincèrement qu'il perde toutes ses pratiques du corridor Rouge.

A l'issue de notre dîner, qui n'est guère plus long que ne l'était, il y a dix ans, celui des Tuileries, nous allons faire quelques tours de jardin et assister aux parties de volant et de petits palets qui rompent l'uniformité de la promenade.

L'apparition d'un nouveau prisonnier est un sujet d'entretien et de distraction qui se renouvelle plus souvent que ne le voudraient ceux mêmes qui en jouissent. Pendant notre séjour ici notre curiosité compatissante a eu pendant plusieurs jours l'occasion de s'exercer sur un jeune homme de vingt-trois ans, d'une beauté remarquable entre les plus beaux hommes de France, dont l'extérieur élégant et les manières distinguées annoncent la classe de la société à laquelle il appartient. Il n'a jamais paru dans le jardin qu'accompagné d'un gardien qui avait l'ordre d'empêcher qu'il ne parlât à aucun prisonnier. Si ce jeune homme a quelque reproche grave à se faire, l'art de Lavater est décidément en défaut, car jamais figure humaine n'a été plus fortement empreinte des caractères auxquels ce grand physiognomoniste attache l'honneur, la probité, la noblesse de l'âme et la bonté du cœur.

Quelque plaisir que nous trouvions dans cette promenade de l'après-dîner, nous avons hâte de remonter dans ma cellule; la table d'échecs est dressée. Sans ce maudit jeu je pourrais me vanter de n'avoir pas eu un moment d'humeur à Sainte Pélagie; mais du moins je puis justifier ceux qu'il m'a causés; je suis incontestablement, ou du moins je me crois plus fort que mon adversaire, et cependant il m'a gagné assez régulièrement deux parties sur trois. Je lui ai prouvé que c'était à mes distractions qu'il était redevable de l'avantage qu'il avait pris sur moi; mais il me soutient qu'à ce jeu l'attention fait une partie du talent; je n'ai pas grand'chose à répondre; c'est peut-être pour cela que je me fâche contre moi-même et contre le gardien qui vient très-poliment nous séparer le soir à neuf heures, et nous enfermer séparément dans nos loges comme des bêtes féroces.

Resté seul, après avoir examiné quelque temps le maudit mat dont je suis encore tout étourdi, je finis toujours ma journée par me demander comment il se fait que je sois en prison, et cette réflexion me ramène sans cesse à la pensée de juger mes juges, ou du moins de les forcer à comparaître avec moi au tribunal de l'opinion pour y rendre compte de leur vie publique. Cette petite biographie spéciale devait naturellement trouver ici sa place. Je l'avais mise au nombre de mes consolations; mais comme je ne veux ni louer ni blâmer sans preuves, comme je ne veux mettre ni mes préjugés, ni mes intérêts, ni ma reconnaissance, ni mon ressentiment à la place de la vérité, je dois attendre, pour publier séparément ce petit ouvrage, que j'aie mis en ordre, et scrupuleusement vérifié les renseignemens que j'ai recueillis dans cette audience solennelle où je prétends m'arroger les fonctions d'avocat général, ou, comme on disait plus franchement autrefois, d'accusateur public. J'exposerai ma conduite et mes principes avec la même impartialité, avec la même franchise dont je ferai preuve envers les autres; car je pense avec Molière :

> « Qu'il faut s'examiner soi-même bien long-temps
> » Avant que de penser à condamner les gens;
> » Qu'il faut mettre le poids d'une vie exemplaire
> » Dans les corrections qu'aux autres on veut faire.»

..... Mais je ne me trompe pas.... c'est nous qu'on appelle; la sept-cent-vingtième heure de notre détention a sonné...... On vient nous prévenir que notre écrou est levé : nos compagnons de captivité se pressent autour de nous et nous prodiguent les marques du plus tendre intérêt; peu s'en faut que nous ne les quittions avec peine;

mais nos enfans nous pressent, le dernier guichet s'ouvre ; nous sommes libres, et notre séjour à Sainte-Pélagie n'est plus qu'un rêve.

E. J.

PIÈCES JUSTIFICATIVES.

PROCÈS

DE

MM. JOUY ET JAY.

PLAIDOYER

DE M. DUPIN

POUR MM. JOUY ET JAY.

Audience du 29 janvier 1823.

Si l'on me demandait mon sentiment particulier sur les *Biographies des hommes vivans*, je n'hésiterais pas à désapprouver ce genre d'ouvrages; ils devraient être interdits; et j'estime bien plus sage la méthode de Plutarque, invoquée par M. l'avocat du roi, ou même celle des Égyptiens, qui ne jugeaient les hommes qu'après qu'ils étaient ensevelis dans la tombe, mais qui, à cet instant solennel, jugeaient même les actions de leurs rois.

Cependant, messieurs, du moment qu'un ouvrage de ce genre a paru, s'il a pris la couleur exclusive d'une opinion, il appelle la contradiction de l'opinion contraire. En cela comme en toute controverse, qui n'entend qu'une partie n'entend rien. Les faits ont été travestis, on voudra les rétablir ; certains actes mal qualifiés, il faudra leur restituer leur véritable caractère ; des réputations injustement ternies, il s'agira de les réhabiliter. Telle est l'intention qu'ont annoncée les auteurs de la *Biographie nouvelle des contemporains*. Ont-ils tenu parole ? Oui, si l'on en juge par la manière dont ils ont traité les articles *Bonchamps*, *Catelineau*, *Charette* ; rendant un juste hommage à la valeur et au dévouement de ces chefs vendéens, et relevant avec éloge les actes de courage et d'humanité qui les ont honorés sur le champ de bataille ; oui, si l'on en juge par l'article du *duc de Choiseul*, dont le nom, comme la vie, rappelle tout l'héroïsme d'un dévouement chevaleresque et d'un patriotisme éprouvé.

Enfin, ce qui parle en faveur de cet ouvrage plus haut que notre discours, neuf volumes ont déjà paru, contenant chacun

plus de huit cents articles; un seul volume
est dénoncé, et dans ce volume, deux articles seulement sont signalés par le ministère
public; et dans ces articles enfin, l'un n'offre
qu'une phrase, et l'autre ne contient qu'une
ligne que l'accusation ait cru pouvoir vous
déférer.

M. Jay est accusé comme auteur de l'article *Boyer-Fonfrède*; on lui reproche d'avoir
voulu, en le justifiant, faire l'apologie du
régicide.

Ici, messieurs, le caractère de l'écrivain
devient un premier garant de l'injustice
d'une pareille accusation. Le caractère personnel de M. Jay est une grande douceur
de mœurs, une grande modération dans ses
opinions et dans la manière de les énoncer.
Comme avocat inscrit sur notre tableau, il
connaît les lois, il fait profession de les
respecter; il est parmi nous irréprochable
et irréproché. Il est incapable d'avoir eu
l'intention qu'on lui suppose.

Aussi l'a-t-il hautement désavouée dans
son interrogatoire, et il n'y a qu'un instant

encore en parlant devant vous. Et qu'on ne dise pas que c'est là une vaine protestation employée pour se soustraire aux effets de la poursuite dont il est l'objet ; j'ai trouvé une garantie plus sûre de sa manière de penser au sujet de la mort de Louis XVI, et dans l'article déjà publié de M. *Angran d'Alleray*, et dans celui de *Madame Élisabeth*, où il rend le plus touchant hommage aux vertus de cette princesse, et où il n'hésite pas à dire qu'elle comparut devant le tribunal *de sang* qui avait condamné Marie-Antoinette ; l'appelant *martyre*, et donnant le nom de *victimes* à tant d'illustres condamnés.

Voilà mes garans de l'opinion personnelle de M. Jay sur la condamnation de Louis XVI, et j'y crois ; car M. Jay n'a point étudié à l'école de ces hommes qui admettent le régicide comme doctrine, et les restrictions mentales comme principe de conduite et de direction.

Sans cela, je dois le dire, je ne l'eusse point voulu défendre ; car moi aussi, messieurs, je n'ai jamais hésité à donner à

Louis XVI le titre de roi martyr [1]. Je le dis avec sentiment et avec conviction, ses juges n'avaient pas le droit de le juger ; de plus, il était innocent. Ce fut un crime en morale, et une faute en politique ; car Louis XVI avait voulu la liberté de son peuple ; et c'est peut-être parce qu'il l'avait voulue franchement, qu'au jour où il fut attaqué avec tant de fureur, il se vit lâchement abandonné. Dans mon opinion, approuver, louer, justifier un crime, c'est s'y associer, c'est en quelque sorte le commettre une seconde fois : *Aliud parricidium est accusare innocentem occisum.*

(Après cette exposition faite avec chaleur et avec accent, M. Dupin discute mot à mot l'article incriminé ; il montre que M. Jay, loin d'approuver le vote de Boyer-Fonfrède, l'a au contraire qualifié *de funeste et déplorable erreur*, qui fut *la cause de grands maux*.)

---

[1] Voyez Observations de M. Dupin sur la législation criminelle, p. 12 et 13.

Sans doute M. Jay attribue des vertus à Boyer-Fonfrède ; mais , en condamnant la conduite d'un homme sur un point qui doit être condamné, l'équité de l'histoire ne veut-elle pas qu'on rende également justice aux qualités qui l'ont distingué? Ainsi , quels que soient les reproches que tels ou tels auront mérités sous certains rapports, on ne pourra , si l'on veut être juste, s'empêcher de dire de l'un qu'il fut un grand mathématicien , un grand artiste ; de l'autre, qu'il fut savant , pieux , charitable ; de celui-ci , qu'il fut bon père et bon ami ; de celui-là , enfin , que s'il eut des vices, il ne manqua pas totalement de vertus. On dira d'eux ce qu'Horace a dit du fou d'Argos, dont la monomanie n'empêchait pas qu'il ne fût assez exact d'ailleurs à remplir les devoirs de la vie civile :

Cætera qui vitæ munia servabat
Recto more.

M. Jay peut s'autoriser surtout de l'exemple de l'historien Hume , qu'on accuse d'avoir été partial seulement en faveur des Stuarts , et qui cependant, après avoir fait parler les douleurs de Charles Ier. et de Strafford, n'en a pas moins fait, sous d'autres rapports, l'éloge du régicide Harisson, dont il loue *l'élévation de sentimens*, *la force et la présence d'esprit*, disant que sa conduite a été digne de *compassion et d'indulgence*.

Le même historien, parlant du républicain Vane, le met au rang *des plus grands génies*.

M. Jay est loin d'avoir exalté à ce point l'homme dont il écrivait la vie : il explique le vote de Fonfrède, mais il le blâme.

Il l'explique, parce qu'en effet tous ceux qui ont voté la mort de Louis XVI ne l'ont pas votée avec la conscience du crime ; mais plusieurs par erreur, faiblesse, peur ou entraînement. Songez-y bien, messieurs ; cette idée est même morale ; elle est plus conforme à la charité chrétienne ; elle est consolante pour l'humanité.

Si, du reste, M. Jay, en improuvant le vote de Fonfrède, ne l'appelle pas crime ou attentat, s'il ne le qualifie pas aussi sévèrement qu'on le ferait dans un réquisitoire , l'accusation n'en est pas mieux fondée. Un blâme quelconque sera toujours l'opposé d'une approbation : or, l'approbation seule donnée au régicide serait immorale, et pourrait motiver l'accusation.

(Après avoir ainsi justifié M. Jay, et sur le rapport de l'intention et sur le fait en lui-même, M. Dupin passe à la défense de M. Jouy.)

M. Jouy est depuis long-temps l'objet d'une sollicitude particulière ; il a déjà essuyé presque autant de procès que *Sylla* [1] sut obtenir de consulats.

On l'accuse, cette fois, d'avoir voulu provoquer à la haine et au mépris du gouvernement du roi ; et cette accusation est grave, car, suivant un écrivain [2] dont l'opinion peut

---

[1] On ne pouvait rappeler avec plus d'art que M. Jouy était auteur de la tragédie de *Sylla*, qui était alors à sa cinquante-unième représentation.

[2] Machiavel, dans son livre *du Prince*, chap. IX, intitulé : *Il faut éviter de se rendre méprisable et odieux.*

servir de commentaire à la loi qui a motivé l'accusation, il n'y a rien de plus dangereux pour un gouvernement que d'encourir la haine et le mépris.

(M. Dupin lit ensuite l'article des *frères Faucher*, dont M. Jouy a déclaré avoir approuvé la rédaction. Il n'y trouve point le caractère de criminalité que lui prête l'accusation.)

M. Jouy a expliqué ses motifs d'intérêt personnel pour les frères Faucher. Il a exprimé ses regrets d'une condamnation qui appartient à des temps déjà loin de nous. Il a parlé de deux condamnations; toutes deux sont historiques. Il a remarqué une différence saillante, et l'on peut dire sanglante entre les deux; mais il n'a point pour cela provoqué à la haine contre le roi ni contre son gouvernement.

Ce serait tout au plus sur le ministère de 1815 que tomberait le reproche; ministère qui a cessé, ministère contre lequel on a épuisé toutes les formules d'injures, d'attaques et de diffamation; ministère dont celui-ci n'a pas jusqu'à présent entendu se rendre l'apologiste, ni se constituer le vengeur.

Ou bien ce sera, si l'on veut, une attaque contre le parti qui, en 1815, était impatient de condamnations et pressait les exécutions. Que n'a-t-on pas dit, en effet, avec toute liberté, sur les réactions de 1815, à Bordeaux, à Lyon, à Nîmes, et ailleurs? Mais tout cela n'est pas le gouvernement du roi, car ce gouvernement n'est pas celui d'un parti.

Enfin, ce sera, je le suppose, un trait lancé contre la juridiction expéditive qui a prononcé sur le sort des frères Faucher; juridiction heureusement abolie, et qui, parmi les souvenirs qui s'y rattachent, n'a pas du moins laissé le sentiment du regret.

Le Célestin de Marcoussi osa dire à François Ier, qui visitait le tombeau de Montaigu, et qui plaignait ce ministre d'avoir été condamné à mort *par justice :* « Vous vous trompez, sire, *ce fut par des commissaires.* » On a pu dire de même en parlant des frères

Faucher, *ce fut par des prevôts* qu'ils furent condamnés; ce fut par des juges soi-disant militaires, des juges d'exception enfin, qui ne laissèrent pas à la grâce le temps d'arriver ! Le Célestin ne fut pas accusé d'avoir voulu exciter à la haine et au mépris du gouvernement du roi (il est vrai que c'est au roi lui-même qu'il avait parlé); M. Jouy n'est pas plus coupable, bien qu'il ne soit pas Célestin.

Mais il a dit que les temps étaient *changés!* Il l'a dit en parlant de 1815, et par opposition à 1793, voulant exprimer par-là que le gouvernement de 1815 était plus impitoyable que celui de 1793.

Aimeriez-vous donc mieux que M. Jouy eût dit que les temps étaient *les mêmes ?*.....

Oui, les temps étaient changés : en 1793, une fureur populaire pouvait vous perdre ; un mouvement contraire pouvait vous sauver.

En 1815, formes différentes. Alors on était sous l'empire des tribunaux d'exception. La législation de 1815 n'admettait pas ces délais, ces recours, ces sursis, qui jadis avaient sauvé les frères Faucher. Il n'était pas même permis de se pourvoir en cassation ; et l'exécution fut si prompte que l'ordre de la suspendre n'eut pas le temps d'arriver. La clémence royale était à Paris, et les juges siégeaient à Bordeaux.

Mais enfin qu'a dit M. Jouy, même en parlant de ces juges d'exception, de leur sentence de mort, et de sa trop rapide exécution ? Il ne leur a pas même dit, Vous fûtes sans justice ; il leur a dit seulement, Vous fûtes sans pitié !

Pitié, larmes, regrets, de tous temps vous fûtes permis sur une condamnation ! On a pu plaindre Calas et Labarre sous l'ancien régime, pleurer les victimes de la révolution en présence de la révolution même. Sous l'usurpateur on a plaint le roi légitime, et c'est alors que furent offerts les premiers sacrifices d'expiation. Moi-même j'ai pu, sous ce gouvernement, déplorer l'assassinat du duc d'Enghien [1]; on a supprimé mon livre, mais on ne m'a pas fait de procès; on a étouffé ma plainte, on l'a empêchée de se répandre; mais du moins on a eu la pudeur, ou, si l'on veut, la politique de ne la point transformer en délit.

Que les temps sont *changés!* Combien de faits s'expliquent par ce peu de mots! Tel a péri, jugé à telle époque, qui eût été sauvé, jugé un peu plus tard. Un vol est toujours un vol; un meurtre est toujours un meurtre; mais en matière politique tout est instantané, tout dépend du moment; et tant de réhabilitations devenues célèbres, comment les expliquer, si ce n'est par la différence des temps?....

Abordons maintenant l'objection tirée contre M. Jouy de ce qu'il a consigné dans son

______

[1] Voyez mon *Précis historique du Droit Romain*, pag. 49; et l'écrit intitulé : *Discussion des actes de la commission instituée en l'an XII par le gouvernement consulaire pour juger le duc d'Enghien.*

article que les frères Faucher n'avaient point été défendus.

Il serait sans doute à regretter qu'un barreau qui a fourni tant de fonctionnaires pour les places les plus éminentes n'eût pas offert d'avocat au malheur, ni de défenseur à des accusés ; mais le bruit en a couru ; les journaux l'ont répété ; la tribune en a retenti ; qui de vous, enfin, a lu ce plaidoyer ?...

C'était une rumeur devenue populaire ; M. Jouy l'a accueillie ; fût-elle inexacte (et je le désire pour l'honneur du barreau de Bordeaux), que pourrait-on en inférer ? — Ce serait une attaque contre les hommes pusillanimes qui n'auraient pas osé faire le devoir de leur état, mais ce ne serait pas une provocation à la haine contre le gouvernement du roi.

(M. Dupin termine par des considérations générales communes aux deux accusés. Il déplore ces accusations multipliées, la plupart suggérées par des instigations ministérielles.) La justice doit s'en défendre, et conserver son véritable caractère, qui est l'indépendance. Au moment surtout où la nation va s'engager dans une lutte qui peut devenir terrible, au lieu d'aigrir et de diviser les esprits, ne vaudrait-il pas mieux déposer tous les ressentimens, et rallier les opinions en un même point, pour diriger plus sûrement les efforts vers un même but? Les magistrats rempliront cette mission : ils ne seront jamais les instrumens d'un parti ; et la modération dont a fait preuve M. l'avocat du roi est un sûr présage de l'impartialité du jugement.

JUGEMENT

DU 29 JANVIER 1823.

« En ce qui touche l'article *Fonfrède*, dont Jay s'est reconnu l'auteur ; attendu que dans cet article la condamnation de Louis XVI n'est pas approuvée, qu'elle est même blâmée ; que si le blâme n'est pas exprimé en termes assez énergiques, ce fait ne saurait constituer ni crime ni délit.

» En ce qui touche l'article des *frères Faucher*, dont Jouy s'est reconnu l'auteur :

» Attendu que, dans cet article, l'action des frères Faucher de s'être barricadés dans leur maison, et de s'être défendus pied à pied contre les autorités du gouvernement du roi au mois de septembre 1815, est qualifiée d'*héroïque*; bien que le même article énonce que l'un d'eux (César Faucher), député des cent jours, n'avait quitté Paris qu'après la clôture de la session de la chambre des représentans d'alors ;

» Que dans ledit article il est également

dit que Rome leur eût élevé des statues dans le temple de Castor et Pollux ; qu'après avoir énoncé que les frères Faucher, après leur condamnation, marchèrent au supplice le 27 novembre 1815, avec la même fermeté qu'en 1793 ; ce même article ajoute : « Mais les temps étaient changés ; l'ordre de suspendre l'exécution ne vint pas. » — Que ces dernières expressions, sans qu'il soit besoin d'avoir recours à aucune interprétation, *emportent une comparaison* entre la terreur de 1793 et le gouvernement du roi, même au désavantage de ce dernier. — Qu'ainsi ledit article, dans les passages ci-dessus relevés, et particulièrement dans le dernier, excite à la haine et au mépris du gouvernement du roi :

« Renvoie Jay des fins de la prévention ;

» Condamne Jouy à un mois d'emprisonnement, à 5o fr. d'amende et aux frais du procès. »

M. le procureur général ayant appelé du jugement, l'affaire a été portée devant la cour royale, audience solennelle.

M. Jay, acquitté en première instance, se croyait si sûr d'être également acquitté sur l'appel, qu'il voulut se borner à de simples observations qu'il se chargea de présenter lui-même. Son attente fut trompée ; et il se vit condamner à un mois de prison et 16 fr. d'amende.

M. Dupin prononça pour M. Jouy le plaidoyer qu'on va lire. Mais tous ses efforts ne purent empêcher que le premier jugement ne fût confirmé.

Dans sa péroraison, l'orateur paraît avoir voulu faire allusion à certain passage du discours prononcé quelques jours auparavant par M. le garde des sceaux, à la séance de la chambre des députés. (Voyez le *Journal des Débats* du 5 avril 1823, et le *Constitutionnel* du 6, article *Paris*.)

PLAIDOYER

POUR M. JOUY,

A L'AUDIENCE DE LA COUR ROYALE,

Du 10 avril 1823.

MESSIEURS,

Si M. Jouy n'eût été frappé que dans sa fortune, quelque dommage qu'il en fût résulté pour son patrimoine (assez modique d'ailleurs, comme celui de tous les gens de lettres), il n'eût peut-être pas appelé; il eût craint d'ajouter sa cause à celles du même genre dont vos audiences sont déjà surchargées, et qui menacent d'encombrer votre juridiction.

Mais voyant sa personne même atteinte, sa liberté menacée, lui, vétéran de la littérature et de l'armée, membre du premier corps littéraire de France, pouvait-il, quels que fussent d'ailleurs sa docilité et son amour pour la paix, le silence, pousser la résignation au point d'acquiescer à une sentence qui le condamne à la prison ?

Non, messieurs ; il a dû, dans cette circonstance, élever ses regards vers vous, et demander à la cour souveraine le redressement des torts que lui fait éprouver la décision des juges inférieurs.

Accusé plusieurs fois, M. Jouy a toujours été honorablement acquitté. Ainsi la récidive est non dans le délit, mais dans l'accusation.

Du reste, ce n'est point aux magistrats que M. Jouy impute la funeste prévention qui s'est attachée à sa personne. On ne lui dira pas : *Tremble, un Dieu te poursuit.* C'est moins que cela, c'est la police ; et il m'appartient, dans l'intérêt même de la justice, de vous dévoiler la marche ténébreuse de l'inquisition ministérielle dans ces sortes d'affaires, et de montrer comment les ma-

gistrats ont pu être involontairement subju-
gués par une délation adroitement ourdie.

Il n'y a plus de censure, messieurs, plus
de censure ostensible, mais une censure oc-
culte qui s'est réfugiée dans les bureaux de
la police. Là, à l'exemple des commissions
de l'index instituées dans les pays d'inquisition, il existe un conclave d'*examinateurs*,
auxquels on distribue les produits de la
presse.

De cet obscur laboratoire sortent les rapports *anonymes*, où chaque ouvrage qui dé-
plaît est déchiqueté, interprété, commenté,
incriminé ; où l'auteur est signalé, qualifié,
noirci : ce sont des espèces de modèles destinés à servir de type aux réquisitoires.

On conçoit l'importance que se donnent
messieurs les examinateurs ; ils se vantent
d'avoir sauvé la société, quand ils croient
avoir trouvé le moyen de perdre un auteur
que souvent on n'eût pas lu sans le procès
qu'ils lui ont suscité ; mais que deviendraient leurs places et leurs émolumens, s'il

n'y avait pas de procès de la presse? Il en faut à tout prix.

Ces rapports, *sine die et consule*, sont envoyés au parquet sous le nom de son excellence le ministre de l'intérieur, qui se reconnaît seulement à la vignette et au timbre du papier.

Ces envois sont eux-mêmes accompagnés des plus tendres recommandations de poursuivre l'infâme et de procurer sa condamnation.

Telle est, messieurs, la marche qu'on a suivie dans l'affaire actuelle [1]. Dans un pre-

---

[1] M. l'avocat général s'étant plaint de ce qu'on avait divulgué le secret de ce qu'il a appelé la correspondance administrative du parquet, M. Dupin lui a répliqué :

« Ces pièces faisaient partie du dossier; elles étaient
» annexées à l'accusation; elles étaient importantes à
» consulter pour la défense. Mon devoir était de tout
» examiner. J'ai pensé ensuite que ce qui m'avait paru
» bon à lire était également bon à dire. D'ailleurs,
» tous les actes de la justice sont communicables; s'il

mier rapport d'un de messieurs les examinateurs, on lit ce qui suit : « J'ai signalé le » 7ᵉ. volume de cette *Biographie* comme » renfermant nombre de passages ouverte- » ment *séditieux*. Il y a déjà près de quatre » mois qu'il circule *impunément*, ayant été » déposé le 24 avril dernier. On est donc » *pressé* par le temps, si on veut le saisir. » Eh ! pourquoi ne le saisirait-on pas ? Pour- » quoi laisserait-on courir, quand on peut » l'arrêter, une œuvre de *mensonge*, de *per-* » *fidie* et d'*iniquité*, dirigée par les écrivains » les plus pervers de notre siècle ? »

Vous voyez, messieurs, que les termes ne sont pas ménagés, et que, dès l'abord, la police cherche à peindre aux yeux de la justice les auteurs de la *Biographie* comme des hommes assurément bien dignes de son animadversion, *les écrivains les plus pervers de notre siècle !*

» en est autrement de la police, qu'elle se taise ou « qu'elle se cache; mais qu'on ne la plaigne pas lors- » que ses turpitudes sont dévoilées au grand jour. »

Mais ce n'est pas tout. Un autre rapport du même examinateur contient encore les passages que voici : « J'ai plusieurs fois si-
» gnalé cette Biographie *séditieuse*, dont le
» plan, invariablement suivi par les éditeurs,
» est d'outrager sans cesse la fidélité, et
» d'honorer partout la rébellion. On pouvait
» l'arrêter dès la première livraison qui pa-
» rut au commencement de novembre 1820;
» on en fut détourné, *je pense* (une conjec-
» ture ne coûte rien), par la crainte d'une
» *absolution scandaleuse* (quelle dureté ! ab-
» soudre est un scandale, condamner est
» seul légitime); ces sortes de causes, pour-
» suit monsieur l'examinateur, étant *alors*
» soumises à un mode de procédure *toujours*
» *incertain et souvent erroné* (c'est ainsi qu'on
» traite le jury ; mais voici pour vous,
» messieurs :) ce mode n'existe plus aujour-
» d'hui, la loi est plus forte, et les tribu-
» naux ont plus d'indépendance. Pourquoi
» n'en *profiterait-on* pas pour réprimer des
» *écrivains ?* etc. »

Le pouvoir *profiter de l'indépendance* des

tribunaux ! L'expression est nouvelle ; vous l'entendez , messieurs, voilà désormais ce qu'on attend de vous.

Ces rapports ainsi conçus ont été envoyés à M. le procureur du roi par M. le chef de la police, qui termine par ces mots : « Vous jugerez sans doute convenable de di- » riger des poursuites contre les auteurs , qui » me paraissent être passibles des peines » portées par l'article 2 de la loi du 25 mars » dernier. *Il serait d'autant plus important* » *de réprimer ces libellistes* , qu'ils ont déjà » donné bien souvent des preuves d'une au- » dace qui ne respecte rien , et que cette au- » dace est restée *impunie.* »

A ces recommandations du chef de la po- lice se joignent celles de la chancellerie , dont le premier commis écrit de son côté , à cinq jours de distance , à M. le procureur du roi : « Je vous invite à *me* rendre compte des » poursuites que vous aurez *sans doute* jugé » convenable de diriger contre les auteurs et » imprimeurs de cet écrit, à raison du dé- » lit qui vous a été signalé. »

La saisie a effectivement eu lieu à la fin de décembre. M. le procureur du roi en informe le chef de la police, et celui-ci se hâte de lui répondre avec effusion : « Je vous prie d'a-» gréer mes *remercîmens* de cette communi-» cation, que j'ai reçue avec *beaucoup d'in-» térêt*; elle m'offre une nouvelle preuve de » la constance de vos efforts, etc. » (Suivent des complimens et des félicitations.)

Toutefois, messieurs, si telle était l'ardeur de la police, je suis loin de prétendre que la justice n'ait point agi avec indépendance et discrétion. Au contraire; sur vingt articles qu'avait signalés M. l'examinateur, quatre seulement ont été incriminés par le ministère public, et la chambre du conseil a même pensé qu'il n'y avait lieu à suivre que sur deux. Ainsi, sur huit volumes contenant près de sept mille articles, examinés avec soin, signalés avec assiduité, recommandés avec zèle, deux articles demeurent incriminés, sur lesquels même je remarquerai, comme un singulier hasard, qu'ils sont tous deux *de Bordeaux*..... Boyer Fonfrède, député de la Gironde, et les frères Faucher, fusillés à Bordeaux?

On voit déjà combien la justice a retranché des exagérations de la police. Le jugement qui vous est déféré a encore resserré les termes de la prévention, car il a acquitté M. Jay, et condamné M. Jouy à une peine bien inférieure aux réquisitions du ministère public.

Quant à l'appel interjeté contre M. Jay, par le ministère public, messieurs, je n'ai rien à vous dire; M. Jay s'est réservé le soin de se défendre lui-même; sa réponse sera péremptoire, et j'ose espérer qu'elle vous satisfera pleinement.

En ce qui concerne M. Jouy, je dois, avant tout, établir une distinction entre les passages que l'ordonnance de la chambre du conseil avait incriminés, et ceux dont elle ne s'était pas occupée.

La loi du 26 mai 1819 prescrit, à peine de nullité, dans son article 15, d'articuler les faits à raison desquels la prévention est établie. Et cela est effectivement indispensable pour la défense; car un nouveau Jansénius pourrait composer un in-folio, et, après avoir lu tout le volume, on en serait réduit à douter si les propositions arguées sont ou non dans le livre; au lieu qu'en citant la page et l'alinéa, on ne peut plus s'y méprendre. Or, dans l'espèce, l'ordonnance de la chambre du conseil n'a indiqué dans l'article des *frères Faucher* qu'un seul passage, celui commençant par ces mots : « Condamnés à mort, etc. » L'ordonnance n'en signale aucun autre ; donc le jugement n'a pas pu légalement porter sur des passages qui n'ayant pas été accusés, n'ont pas eu besoin d'être défendus.

S'ils eussent été accusés, il m'eût été facile de les justifier. On y parle de la résistance des frères Faucher à rendre le poste de la Réole ; mais en quels termes ? Non en ce sens d'une résistance apportée à l'autorité légitime, mais en ce sens que *rien de positif* n'assurait aux frères Faucher que le roi eût ressaisi les rênes du gouvernement. Et en effet, dans la séance de la chambre des députés du 7

février 1822, M. Basterrèche avait parlé avec indignation de l'affaire des frères Faucher, rappelé qu'ils n'avaient pas été défendus, et il terminait en disant : « Il est donc des cir-
» constances où l'on doit craindre de ne pou-
» voir compter même sur les secours et le cou-
» rage des avocats, considérés jusqu'à ce jour
» comme plus indépendans que les juges[1] ! »

Ici, messieurs, je m'interromps pour relever cette assertion. Sans doute un bon avocat est plus indépendant qu'un mauvais juge ; mais un bon juge, un vrai magistrat, est le plus indépendant, le plus noble des hommes ; c'est l'image de Dieu sur la terre ; c'est le protecteur assidu de nos vies, de nos biens, de nos libertés. Nous n'avons que le droit de vous demander justice, et vous avez le pouvoir de nous la rendre. — Je reprends : Monseigneur le garde-des-sceaux demande aussitôt la parole : « Messieurs, dit-il, la place que
» j'occupe aujourd'hui dans le gouvernement
» ne me permet pas de laisser sans réponse

---

[1] *Constitutionnel* du 8 février 1822.

» l'une des injustices auxquelles le préopi-
» nant s'est laissé entraîner. Mes *souvenirs per-*
» *sonnels* me le permettent moins encore. »

En effet, messieurs, M. de Peyronnet était, à cette époque, un des avocats les plus distingués de ce même barreau de Bordeaux ; il commandait en même temps la garde nationale de la ville. Il avait eu ainsi le rare bonheur de rendre à son roi des services militaires et des services civils, et c'est pour cette raison que l'on voit dans les armes de sa grandeur une petite épée, avec cette devise, *Non solùm togá*, qui laisse deviner le reste..... M. de Peyronnet répond donc qu'à cette époque aucun avocat de Bordeaux n'a paru devant les tribunaux ; bientôt il ajoute que cependant les frères Faucher ont eu le secours de deux avocats. On lui objecte que ces deux avocats ont été nommés d'office; on l'interpelle : « Au reste, dit alors M. de » Peyronnet, cela ne s'est pas passé sous le » gouvernement du roi. »

Ceci est positif ; donc, en parlant de ce fait, M. Jouy n'a pas eu pour objet d'exciter à la haine et au mépris du gouvernement du roi.

Mais, dit le jugement, M. Jouy a appelé la résistance des frères Faucher une résistance héroïque. Messieurs, puisque la querelle est dans le mot, ouvrons le code des mots, le Dictionnaire de l'académie, dont M. Jouy a dû parler la langue. On y lit, au mot héros : « Homme ferme contre les diffi- » cultés, intrépide dans les périls, et très- » vaillant dans les combats ; qualités qui » tiennent plus du tempérament et d'une » certaine conformation des organes que de » la noblesse de l'âme. » Et, en effet, il y a beaucoup de héros qui ont été de fort mau- vais sujets. Donc le mot en soi n'emporte que l'éloge du courage, plutôt qu'une qua- lification morale de l'action.

Voilà, messieurs, ce que j'aurais dit pour justifier le passage, s'il eût été compris dans l'accusation.

Relativement à l'autre passage, le seul que l'ordonnance de la chambre du conseil ait signalé, passage où le crime de M. Jouy

serait d'avoir dit : « Ils marchèrent au supplice ; mais les temps étaient changés , l'ordre de suspendre l'exécution ne vint pas ; »
ce qui, suivant le jugement, « emporte une
comparaison entre la terreur de 1793 et le
gouvernement du roi, même au désavantage
de ce dernier. » Je ne vois là que deux propositions dont la vérité ne peut être révo-
quée en doute.

Peut-on nier, en effet, que le sursis ne
vint pas, puisqu'il est de fait que la condamnation a reçu son exécution?

Ensuite , cette assertion que les temps
étaient changés , loin de confondre les deux
époques , les met en opposition.

(M. Dupin établit ensuite comment il est
vrai de dire que les temps étaient changés ,
par la différence des législations, l'une per-
mettant un recours en révision, des délais
et des sursis que l'autre n'autorisait pas. Il
en conclut que, dans tous les cas, il y aurait tout au plus attaque contre le ministère
de 1815, ou contre un parti qui aurait

pressé l'exécution, ou contre la juridiction expéditive qui a prononcé sur le sort des deux frères, ou contre la personne des juges [1]; mais non une attaque quelconque contre le gouvernement actuel du roi, puisqu'au contraire le plus puissant motif qu'on puisse avoir d'aimer ce gouvernement doit se prendre dans la sécurité présente opposée aux réactions du passé.)

Que les temps sont *changés!* c'est l'histoire de la vie humaine ; telle chose arrive dans un temps qui n'arriverait pas dans un autre. — Permettez-moi de vous lire à ce sujet les

---

[1] Dans une lettre écrite par le neveu des frères Faucher, qui se trouve au dossier, et qui passera sous les yeux de la Cour, on lit le passage suivant : « Mes oncles ont été sacrifiés; ils ont été jugés par des hommes qui ne pouvaient être leurs juges, d'abord par la haine qu'ils nourrissaient contre eux, et parce qu'ils ne réunissaient pas les qualités requises par la loi. Bien plus, ces hommes avaient usurpé des grades militaires qu'ils n'avaient pas, ou qu'ils n'ont possédés que bien long-temps après. Je l'ai vérifié moi-même sur les contrôles de la guerre. »

» *Signé* Casimir FAUCHER. »

réflexions imprimées sur la condamnation des frères Faucher en 1820, à une époque plus rapprochée de l'événement, et toutefois avec une sécurité qui ne fut pas troublée. Un écrivain aussi distingué par son talent que par son patriotisme, rendant compte du jugement du duc de Rovigo, s'abandonnait aux réflexions suivantes, qui rentrent merveilleusement dans le sujet qui nous occupe actuellement.

« Le prévenu, dit le narrateur, a été ac-
» quitté à l'unanimité ; *trois ans aupara-*
» *vant,* le conseil de guerre l'avait aussi con-
» damné à mort à l'unanimité. Ainsi les nua-
» ges sous lesquels l'esprit de vengeance et de
» faction s'efforce de cacher la justice sont
» *dissipés par le temps ;* ainsi les malheureux
» que poursuit la haine qui prend le nom
» de dévouement, et qui tombent sous ses
» coups, n'ont à se reprocher que la confiance
» dans les lois, et que la sécurité de l'innocen-
» ce. Ils seraient absous *aujourd'hui* (1821),
» ces deux frères de la Réole, dont le sang
» versé accuse devant Dieu et devant les

» hommes la désastreuse époque qui les vit
» périr! Nés le même jour, émules de gloi-
» re, rivaux de patriotisme, blessés sur le
» même champ de bataille, élevés aux mê-
» mes honneurs, ils perdirent la vie au
» même instant. Singulière et touchante des-
» tinée! la mort même ne put les séparer.
» Après les derniers embrassemens, ils pré-
» sentèrent un front calme à leurs bour-
» reaux : ils tombèrent en se tenant par la
» main, et leurs cendres fraternelles repo-
» sent dans le même tombeau. Combien
» d'autres innocentes victimes des réactions
» sortiraient *aujourd'hui* avec honneur de ces
» épreuves terribles où les uns ont trouvé
» la mort, et d'autres une indulgence encore
» plus cruelle! *Des temps plus doux sont ar-*
» *rivés.....* »

L'épigraphe placée en tête de ce procès
n'est pas moins curieuse. Elle est tirée d'Ay-
rault, lieutenant criminel au présidial d'An-
gers, sous Charles IX ; ce temps n'était pas
doux. Or, mon vieux criminaliste, qui avait
réfléchi et savait son métier, dit, en parlant

des accusations politiques intentées dans le
feu des réactions : « En pareil cas , en usent
» bien sagement ceux qui laissent faire l'en-
» trée aux autres , et se présentent en seconde
» ligne pour se justifier , parce que les der-
» nières accusations sont toujours plus dou-
» ces et plus mollement poursuivies. » Ainsi , vous voyez bien qu'ici le temps fait quelque chose à l'affaire. Aussi d'Argentré , dans
un passage , dont je ne me rappelle pas le
texte , mais dont j'ai bien retenu le sens ,
dit-il aux plaideurs : Prenez garde au temps
où vous formerez votre action ; vous perdrez
tel procès dans tel temps et devant tel juge ,
et vous le gagnerez dans un autre temps et
devant un autre tribunal ; *è sempre bene* ,
comme disait l'avocat vénitien. En effet , les
lois , les opinions , les devoirs , tout change
avec le temps , tout marche avec lui [1] !......

---

[1] Voici ce texte que j'ai déjà cité dans ma *Jurisprudence des arrêts* , section XI , pag. 103 : *Hoc in lite ,
aut accusatione instituendâ, spectandum : quid tempora,*

Que les temps sont *changés*! Combien de faits s'expliquent par ce peu de mots! N'est-ce pas là l'unique base de tant de réhabilitations politiques? Combien d'accusés justifiés dans l'avenir, qui furent condamnés par leurs contemporains! combien d'hommes dont l'unique titre aux honneurs et aux places est d'avoir subi à une certaine époque quelque condamnation! et réciproquement, combien de fonctionnaires, placés quelque temps au sommet des honneurs réservés à l'accusation et aux sévérités criminelles, reçoivent un peu plus tard l'ineffaçable surnom de Jefferies et de Laubardemont! Telle est la force du temps; tels sont les priviléges de l'histoire, dont il ne faut pas méconnaître les droits. La fonction d'historiographe, au-

---

quid conditio hominum, quid judicantium mentes agitet. Quid cùm sic dicitur, illo judice vinces, illo excides eâdem in causâ. Sunt quædam temporum opportunitates, et alia, quæ homini prudenti despici oporteat, antequàm rem aggreditur. (D'Argentré, ad art. 486, *Const. brit.*, pag. 1731, édit. 1646.)

trefois érigée en titre d'office, n'a point été transportée aux tribunaux ; et la maxime *res judicata pro veritate habetur* n'a pas lieu pour les faits historiques, cela serait trop commode pour les gouvernemens. On ferait assigner les gens, pour *ouïr dire* que tel fait s'est passé de telle ou telle façon ; et il n'y a pas de bataille par le droit canon qui ne pût être regagnée par le code pénal.

Vous voyez, messiéurs, à quoi toute cette discussion se réduit. *Le sursis à l'exécution ne vint pas....* Est-il venu ? Non. *Les temps étaient changés !...* L'étaient-ils en effet ? Oui ; ce n'était plus 1793 ; à moins qu'en interprétant la phrase, en y mettant ce qui n'y est pas, on ne lui donne un sens contre lequel il m'est sans doute permis de protester par une interprétation contraire.

L'accusation ramenée à ces termes, vous excuserez aisément M. Jouy d'avoir plaint le sort de deux frères d'armes, dont la condamnation appartient à des temps et à un mode d'administration déjà loin de nous. C'est à vous, magistrats, vous *dont l'honneur*

s'est placé à son véritable poste, *en se réfu-
giant au sein de vos consciences*, en se ma-
nifestant par des actes de justice , et non
pas en se produisant avec affectation au
dehors par les actes extra-judiciaires d'un
zèle ambitieux , pétulant et irréfléchi ; c'est
à vous , dis-je , qu'il appartient de découra-
ger cette ardeur de poursuites dont la police
obsède et fatigue incessamment la justice ;
poursuites qui n'ont trop souvent pour effet
que de mettre en lumière ce qu'il eût été
prudent de laisser ignoré.

Ah ! messieurs, ce n'est point par la prison que l'on convertit les esprits cultivés et
qu'on persuade les auteurs. C'est un homme
de lettres qui répondit au tyran de Syracuse :
Qu'on me ramène aux carrières ! Vous connaissez trop le cœur humain pour espérer de
commander à la pensée avec des fers. Oubliez
donc le courroux de M. l'examinateur ; demeu-
rez sourds aux instances, aux sollicitations du
chef de la police ; et ceux qui ont cru que le
moment était venu de *profiter* de votre indépendance apprendront encore une fois ,

par le noble usage que vous savez en faire,
ce que leur a déjà répondu votre premier
président, dans une occasion mémorable :
La cour rend des arrêts, et non pas des
services.

DISCOURS

DE M. JOUY.

Dans un moment où de si puissans intérêts occupent en France tous les esprits, où de si grands débats agitent la société entière, j'éprouve quelque pudeur à détourner un moment sur moi l'attention publique et la vôtre. Ce respect des convenances politiques m'aurait déterminé à me soumettre en silence à la condamnation portée contre moi par un tribunal inférieur, si en acceptant son jugement je n'eusse paru en reconnaître la justice. Une voix plus éloquente s'est chargée de justifier l'appel que j'ai interjeté devant vous ; je me bornerai à présenter à la cour quelques observations qu'elle appréciera dans l'intérêt général de ma défense.

Le ministère public, en s'armant de toute

la sévérité d'une loi de circonstance pour in-
criminer *deux mots* dans un article d'un ouvrage parvenu au neuvième volume, s'est fortement élevé contre le système général des
biographies modernes, qui ont pour but de
citer les hommes vivans au tribunal de l'opinion contemporaine. Il est d'autant plus fâ-
cheux pour moi que le ministère public ait
tardé si long-temps à manifester sa répugnance
pour ce genre d'ouvrages, que c'est précisément le même sentiment, la même conviction des inconvéniens et des abus que ces
publications entraînent, et qu'on leur objecte
aujourd'hui, qui nous ont en quelque sorte
forcés d'opposer une *Biographie des contemporains* à plusieurs *Biographies des hommes
vivans* publiées en France plusieurs années
avant notre ouvrage, sinon de l'aveu, du
moins sous l'apparence d'une protection spéciale de l'autorité.

Le titre seul de *la Biographie des Contemporains* suffirait pour lui faire perdre ce caractère de libelle, qu'on peut reprocher aux
biographies des hommes vivans, dont notre

ouvrage n'est en quelque sorte que la réfu-
tation ; l'espace de temps qu'il embrasse le
fait rentrer dans le domaine de l'histoire.

Les générations se succèdent rapidement
dans les troubles civils, la plupart des contemporains dont il est question dans notre
Biographie ont déjà cessé de vivre : nous sommes en droit de les juger ; la postérité a commencé pour eux. Quant aux hommes vivans ,
en nous bornant à enregistrer les actes de
leur vie publique , à répéter leurs discours
et à rappeler leurs ouvrages , nous nous sommes mis en garde contre les surprises de cette
partialité à laquelle il est si difficile de se
soustraire entièrement , en parlant de ceux
dont on repousse les principes et dont on
ne partage ni les vœux ni les opinions.

Si nous n'avons jamais oublié les égards
que l'on doit aux vivans , nous nous sommes
également souvenus que la vérité que nous
devions aux morts s'adressait à des contemporains , descendus sous nos yeux dans la
tombe ; qu'elle devait être entendue par des
parens, par des amis dont elle pouvait blesser

les affections et empoisonner l'existence : cette réflexion a souvent retenu notre plume au moment de tracer des lignes accusatrices : la mémoire des seuls ennemis de la patrie et de l'humanité a trouvé en nous des juges inexorables.

C'est en adoptant dans toute sa rigueur ce principe de l'immunité de l'histoire, que naguère les tribunaux ont rejeté la plainte de la veuve d'un maréchal demandant justice de l'outrage fait aux cendres de son illustre époux. Je l'invoque à mon tour ce privilége de l'histoire, non pour flétrir, il est vrai, mais pour honorer la mémoire des infortunés jumeaux de la Réole. Dira-t-on que cet éloge de deux guerriers, frappés de mort par un arrêt légal, porte atteinte à la chose jugée ? Messieurs, ce serait étrangement abuser des mots que d'en faire une semblable application. Calas aussi était jugé, ses os avaient été brisés sur la roue, lorsque Voltaire du haut du mont Jura proclamait l'innocence du malheureux vieillard de Toulouse. Ils étaient jugés les trois hommes de Chaumont que l'il-

lustre président Dupaty arracha si glorieuse-
ment à l'échafaud. Elles étaient jugées les victimes innocentes de la terreur dont nous qua-
lifions aujourd'hui les arrêts d'assassinats
juridiques. Il était jugé ce Wilfrid Regnaud
sur lequel un grand écrivain fut assez heureux
pour appeler la clémence royale.

Tant de bonheur, tant de gloire ne m'é-
taient point destinés ; je n'ai pas même l'honneur d'avoir entrepris de réhabiliter la mémoire des frères Faucher. Dans l'article bio-
graphique que j'ai consacré au souvenir de
ces deux officiers-généraux, je ne me suis
pas établi juge des circonstances politiques
qui ont amené leur condamnation ; je n'ai
point demandé à la requête de quelle autorité, en vertu de quelle loi ils furent pour-
suivis ; je n'ai point discuté la compétence du
tribunal et des juges militaires qui prononc-
cèrent sur leur sort. Historien fidèle, en
racontant leur vie, leurs travaux, leurs malheurs, j'ai dû me borner à rendre hommage
à leurs vertus privées ; j'avais vécu dans l'in-
timité des camps avec ces deux hommes à

qui la nature avait partagé la même vie ; qu'elle avait doués exactement des mêmes qualités physiques et morales ; en un mot, qu'elle avait, par miracle, destinés à naître, à vivre, à souffrir et à mourir ensemble.

J'avais à retracer la mort de deux guerriers français dont l'innocence est démontrée, du moins à mes yeux, à la mémoire desquels la reconnaissance me lie ; pouvais-je exprimer avec moins d'amertume les regrets que j'ai donnés à leur fin déplorable ?

Je n'ai point dit que leur jugement fût injuste : car je n'ai pas eu connaissance des pièces officielles de leur procès, que leur famille elle-même n'a pu se procurer ; j'ai dit que le tribunal d'exception qui les jugea fut sans pitié.

Sans doute, messieurs, cette pitié n'est point un devoir ; peut-être même n'est-ce pas une vertu, puisqu'elle n'est pas toujours étrangère au cœur du méchant ; honorons cependant cet instinct de la nature bienfaisante ; la justice elle-même doit craindre d'étouffer sa voix, alors qu'elle se reporte à ces jours de terrible mémoire où l'innocence accusée n'avait point d'autre recours.

Quand l'expression d'un sentiment si naturel devient un sujet d'accusation contre moi, on me permettra de rappeler que ce fut aussi pour avoir publiquement témoigné des regrets sur une auguste infortune, qu'au mois de juillet 1793, un arrêt de mort, auquel j'échappai par la fuite, fut prononcé contre moi dans ce même palais. Mais les temps sont changés (je les répète encore, ces mots devenus l'objet d'une accusation) : c'est ma vie qui fut menacée en 1793 , par un tribunal de sang ; c'est ma liberté seule que je défends aujourd'hui devant mes juges naturels , en présence des magistrats irrévocables que me donne la loi. Tel ne fut pas le sort des jumeaux de la Réole , même à l'époque de la dernière accusation sous laquelle ils succombèrent : les partis se trouvaient en présence à l'extrémité du royaume, et se disputaient avec fureur quelques heures d'interrègne que les passions se hâtaient de mettre à profit.

Ce fut alors que les généraux Faucher se virent réduits à défendre leur vie et leur honneur devant un de ces tribunaux dont la jurisprudence accidentelle n'admet ni révision ni jury, ne laisse à l'innocence aucun recours contre l'erreur possible d'un premier arrêt, et place l'accusé hors de la clémence royale, enlève au prince sa plus belle prérogative, et au condamné sa dernière espérance.

L'éloge que j'ai fait des frères Faucher, les regrets que j'ai donnés à leur condamnation, sans même en discuter la justice, peuvent renfermer des reproches implicites sur les réactions, sur les dangers des commissions militaires, mais ces reproches sont évidemment un hommage rendu au gouvernement constitutionnel, et à l'autorité judiciaire légalement établie. Telle est la seule interprétation raisonnable que l'on puisse donner à mes paroles ; vous jugerez, messieurs, si elles sont de nature à *provoquer au mépris du gouvernement du roi.*

Messieurs, qu'il me soit permis en terminant, de me plaindre devant vous de l'inexplicable persécution dont je suis depuis longtemps l'objet, et contre laquelle (je ne crains pas de le dire) ma vie entière aurait dû me défendre.

Les mêmes principes m'ont constamment dirigé dans ma double carrière de soldat et d'homme de lettres ; dans l'une et l'autre, l'amour de l'humanité, le respect des lois, l'horreur de l'arbitraire, la gloire et l'indépendance de mon pays ont été les objets de mon culte. Étranger à tout autre sentiment - politique, jamais l'intrigue ne m'a vu dans ses rangs, jamais aucune ambition ne m'a trouvé sur sa route; d'où vient donc tant d'injustice et de haine ? L'ancien gouvernement, dont j'osai plus d'une fois signaler les abus, ne m'admit point au partage de ses faveurs ; je n'avais rien fait pour les obtenir, et l'oubli le vengeait suffisamment d'une opposition littéraire qu'il supportait néanmoins avec tant d'impatience.

Les temps sont encore changés ; à la dictature du génie de la guerre, au despotisme de la gloire a succédé le règne des lois ; le régime constitutionnel est établi, la liberté légale est fondée sur les principes que j'ai constamment défendus, et cependant les plus fermes appuis du gouvernement représentatif, au nombre desquels j'ai l'orgueil de me compter, sont journellement en butte aux traits empoisonnés que dirige incessamment contre eux une main invisible ; c'est auprès de vous, messieurs, c'est dans le sanctuaire de la justice, d'où ne devraient approcher ni les passions haineuses, ni les préjugés de l'orgueil, ni les caprices du pouvoir, que, privés de tout autre refuge, ils croiraient devoir chercher un dernier asile.

DISCOURS

DE M. JAY.

M. Jay demande la permission de donner quelques explications sur l'accusation portée contre lui.

« Messieurs, dit-il, je vais vous lire le jugement du tribunal de première instance en ce qui me concerne :

« En ce qui touche l'article *Boyer-Fonfrède,*
» dont Jay s'est reconnu l'auteur ; attendu
» que, dans cet article, la condamnation de
» Louis XVI n'est point approuvée, *qu'elle*
» *est même blâmée* ; que, si l'expression du
» blâme n'est pas suffisamment prononcée,
» *il n'en peut résulter néanmoins ni crime, ni*
» *délit;* renvoie Jay des fins de la préven-
» tion. »

» Vous voyez, messieurs, que je suis tra-
duit devant vous pour un article dans lequel la condamnation de Louis XVI est blâmée.

J'avoue que je ne m'attendais pas à être accusé pour un pareil délit, qui, je crois, n'a été prévu que dans le code de la république. Dans cette position j'ai prié mon honorable ami M. Dupin, de réserver pour une occasion plus importante les ressources de son rare talent. Un simple rapprochement m'a paru suffire à ma justification.

» Je suppose, messieurs, que j'eusse été accusé, pour la phrase qui m'est reprochée, devant un tribunal de la république. Croyez-vous que le blâme jeté sur l'attentat du 21 janvier n'eût pas été considéré comme un crime, comme un acte flagrant de royalisme; que son auteur n'eût pas été signalé comme un écrivain très-pervers, prêchant des doctrines fausses et attentatoires aux principes du gouvernement?

» Comment se fait-il que je sois appelé devant une *cour royale* pour le même sujet qui m'aurait conduit devant un tribunal de la révolution? Ce ne sera pas l'une des moindres singularités de l'époque actuelle. Elle est cependant facile à expliquer. L'esprit de parti, sous quelque bannière qu'il se présente, se fait aisément reconnaître à son intolérance, à son ardeur de persécutions. Armé de sophismes et d'invectives, il nous dit : « *Tu penseras comme je veux que tu penses, ou tu seras suspect ; tu parleras exactement comme je veux que tu parles, ou tu seras criminel.* » L'esprit de parti s'arroge le droit de pénétrer dans nos consciences, de lire au fond des cœurs, privilége qui n'appartient qu'à Dieu, seul accusateur sans passion, seul juge inaccessible à l'erreur.

» N'attendez pas de moi, messieurs, que je m'attache à vous démontrer laborieusement que le blâme, quel qu'il soit, n'est pas une approbation. Quant à mon intention, je l'ai déjà déclarée ; je n'ai voulu présenter qu'une grande leçon historique, et montrer aux peuples en révolution que le sang des rois s'élève jusqu'au ciel, et n'en fait descendre que des calamités.

» Telle a été ma véritable intention ; personne ne le sait mieux que moi ; et quoique je ne sois qu'un *modeste légiste*, j'ai trop d'honneur pour avancer une chose qui ne serait pas conforme à la vérité. Ainsi, j'appelle de l'appel de M. le procureur du roi à votre conscience et à votre équité. »

Après une heure de délibération, la cour confirme le jugement de première instance en ce qui touche M. Jouy; et, quant à M. Jay, attendu que l'article *Boyer-Fonfrède*, dont il s'est reconnu l'auteur, contient des outrages à la morale publique, la cour le condamne à un mois d'emprisonnement et 16 fr. d'amende.

Parmi les nombreux auditeurs que cette cause avait attirés, on remarquait MM. Arnault et Norvins, qui concourent, avec MM. Jay et Jouy, à la rédaction de la *Biographie des Contemporains*.

TABLE

DES CONSOLATIONS

CONTENUES

DANS LA SECONDE PARTIE.

* * *

FIN DES HERMITES EN PRISON.

LIBRAIRIE DE LADVOCAT [1].

NOUVEAUTÉS LITTÉRAIRES.

MÉLANGES LITTÉRAIRES, par M. Villemain, membre de l'acad. franç. 1 beau vol. in-8. Prix : 7 fr., et 8 fr. 5o par la poste.

Ce volume est, sans contredit, l'ouvrage le plus remarquable de cet auteur distingué, comme historien, comme critique et comme orateur.

DE LA LITTÉRATURE FRANÇAISE AU DIX-HUITIÈME SIÈ-CLE, par M. de Barante, pair de France. Troisième édition, revue et augmentée d'une préface. 1 joli vol. in-18. Prix : 3 fr., et 3 fr. 5o c. par la poste.

Cet ouvrage, dont nous avons réimprimé une troisième édition, a été traduit dans plusieurs langues ; il était depuis long-temps extrêmement difficile à trouver.

L'ÉCOLIER, ou RAOUL ET VICTOR, par Madame Guizot (née Pauline de Meulan), auteur des Enfans, contes. 4 vol.

Cet ouvrage a récemment remporté le prix à l'académie, comme étant l'ouvrage littéraire, publié en 1822, qui renfermât le plus de morale, et qui fût le plus propre à l'éducation de la jeunesse.

Ouvrages de M. Casimir Delavigne.

MESSÉNIENNES ET POÉSIES DIVERSES. 1 vol. in-18, huitième édition, ornée de quatre vignettes. Prix : 5 fr., et 5 fr. 5o c. par la poste ; grand-raisin vélin, figures avant la lettre, 1o fr.

La place distinguée que M. Casimir Delavigne a prise, si jeune encore, parmi nos poëtes, lui donnait des droits incontestables aux honneurs les plus signalés de la typographie et de la gravure. Cependant une collection de ses *Poésies diverses* manquait encore, et on doit savoir gré au libraire Ladvocat d'en avoir enrichi nos bibliothèques. Peu de volumes joignent au mérite intrinsèque des ouvrages qui y sont renfermés, l'agrément accessoire des ornemens, au même degré que celui que nous annonçons, et auquel nous nous réservons l'accorder un examen plus détaillé, dont il est si digne sous tous les rapports. A un premier livre, composé des huit *Messéniennes*, déjà connues du public par le succès de cinq éditions bien constatées, l'éditeur a pu réunir un second livre composé de pièces diverses,

---

1 Voyez le catalogue placé en tête de la première partie des *Hermites*.

presque toutes inédites, et qui ne peuvent qu'ajouter à l'éclatante réputation du jeune poëte. Cette édition, publiée à une époque de l'année où le goût des acquéreurs cherche, dans les livres qui en paraissent le moins susceptibles, le luxe élégant des gravures, ne pouvait pas être dénuée de cet embellissement si naturel des compositions poétiques. L'auteur a inspiré le dessinateur, M. Devéria; et le graveur, M. Godefroy, s'est montré digne de tous les deux. Les quatre vignettes qui ornent ce beau volume sont des plus jolies que nous ayons vues. *Journal des Débats*, 31 *décembre* 1822.

TROIS MESSÉNIENNES, ou ÉLÉGIES sur les malheurs de la France.

Première Messénienne, sur la bataille de Waterloo.

Seconde Messénienne, sur la dévastation des monumens français et l'enlèvement des tableaux du Musée.

Troisième Messénienne, sur le besoin de s'unir après le départ des alliés.

Deux Messéniennes, sur la vie et la mort de Jeanne d'Arc.

Épître à MM. de l'académie française, sur cette question : *L'étude fait-elle le bonheur dans toutes les situations de la vie ?*

Prix : 2 fr., et 2 fr. 5o c. par la poste. (Cinquième édition.)

NOUVELLES MESSÉNIENNES.

Première Messénienne. Le Jeune Diacre, ou la Grèce chrétienne.

Seconde Messénienne. Parthénope et l'Étrangère.

Troisième Messénienne. Aux ruines de la Grèce païenne.

Prix : 2 fr., et 2 fr. 5o c. par la poste. (Cinquième édition.)

POÉSIES DIVERSES, par le même auteur. Brochure in-8. Prix : 2 fr., et 2 fr. 5o c. par la poste.

Nota. Ces poésies sont imprimées séparément, afin de compléter la collection in-8. des œuvres de l'auteur.

LES VÊPRES SICILIENNES, tragédie en cinq actes, précédée du prologue d'ouverture du second Théâtre-Français, par le même auteur; troisième édition. Prix : 3 fr., et 3 fr. 5o c. par la poste.

LES COMÉDIENS, comédie en cinq actes et en vers, précédée d'un prologue en prose, par le même auteur; deuxième édition. Prix : 3 fr., et 3 fr. 5o c. par la poste.

LE PARIA, tragédie en cinq actes. Prix : 4 fr., et 4 fr. 5o c. par la poste.

ODES, POEMES ET POÉSIES DIVERSES, par M. X.-B. Saintine. 1 joli vol. in-18, orné d'une vignette. Prix : 3 fr., et 3 f. 5o c. par la poste.

Ce volume est imprimé avec autant de soin que la jolie édition des Messéniennes.

ÉPITRES ET POÉSIES DE M. VIENNET. 1 vol. in-8. Prix : 4 fr., et 5 fr. par la poste.

Ce volume se compose de dix-sept Épîtres remarquables par le mérite du style et les nobles sentimens qui y sont exprimés.

Romans nouveaux.

NADIR, Lettres Orientales. 1 vol. in-12. Prix : 3 fr., et 3 fr. 50 c. par la poste.

Parmi les ouvrages romantiques qui ont paru à la fin de 1822, celui-ci a tenu une place distinguée ; le mérite du style n'a pas peu contribué à son succès ; tous les journaux se sont empressés d'en rendre un compte favorable.

TRILBY, ou LE LUTIN D'ARGAIL, Nouvelle écossaise, par Charles Nodier. Deuxième édition. 1 vol. in-12. Prix : 3 fr., et 3 fr. 50 c. par la poste.

Ce roman de M. Nodier est surtout remarquable par le charme du style. La première édition a été épuisée en moins de huit jours.

CONTES MYTHOLOGIQUES, par Madame Sophie P........ 2 vol. in-12, ornés de 2 vignettes. Prix : 6 fr., et 7 fr. par la poste.

PIERRE SCHLEMIHL. 1 vol. in-12. Prix : 2 fr. 50 c., et 3 fr. par la poste.

Cet ouvrage, vraiment extraordinaire, peut être comparé à Jean Sbogard pour son originalité.

CONTES D'UN PHILOSOPHE GREC, par M. Baour-Lormian. 2 vol. in-12. Prix : 5 fr., et 6 fr. par la poste.

VIE DE MARIE STUART, reine de France et d'Écosse, par F. Gentz. 1 vol. in-12 ; traduite de l'allemand, par Damaze de Raymond. Seconde édition, revue et corrigée, ornée de 5 jolies gravures. Prix : 4 fr., et 4 fr. 50 c. par la poste.

Cet ouvrage se recommande par l'intérêt historique qui y règne. Les matériaux ont été puisés dans les mémoires des auteurs tous contemporains de Marie Stuart.

ÉMILE, ou l'Éducation, par J.-J. Rousseau. Nouvelle édition, à l'usage de la jeunesse, avec des retranchemens, des notes et une préface par madame de Genlis. 3 vol. in-12. Prix : 10 fr., et 12 fr. par la poste.

LES SÉDUCTIONS. Ce roman, d'une jeune dame, était annoncé depuis long-temps, et attendu avec impatience ; l'édition est presque épuisée. 4 vol. in-12. Prix : 18 fr., et 12 fr. par la poste.

4

Ouvrages par souscription.

FASTES CIVILS DE LA FRANCE, depuis l'ouverture de l'assemblée des Notables jusques à la restauration, publiés par MM. DUPONT de l'Eure, ÉTIENNE, MANUEL, membres de la Chambre des Députés ; A.-V. ARNAULT, J.-P. PAGÈS, P.-F. TISSOT, hommes de lettres ; Alex. GOUJON, ancien officier d'artillerie. 10 vol. in-8., de 25 à 30 feuilles.

Pour faire connaître cette importante entreprise, il suffira de citer un extrait de son prospectus :

« Comptant sur le secours des amis de la liberté, qui ne veulent pas que la lumière reste sous le boisseau, nous redoublerons de zèle pour achever ce que nous avons commencé. Nous vengerons la patrie insultée par des enfans ingrats ; nous placerons, à côté du trophée élevé à la France guerrière par des écrivains courageux, un monument à la France civile. Ce monument manque à la gloire nationale.

» Cependant les citoyens ont été dignes des guerriers ; il n'est pas une ville, pas un bourg, pas un hameau où la patrie ne puisse graver sur le marbre des noms dignes de mémoire. Nous voulons les sauver d'un injuste oubli ; nous voulons rappeler les bienfaits de notre réforme politique trop long-temps méconnus. Les *Fastes civils* doivent embrasser toute la France nouvelle, ses lois, son industrie, son administration, les progrès de la civilisation dans chaque subdivision du territoire, tant de vertus privées devenues des vertus publiques, et restées jusqu'ici sans récompense, enfin toutes les grandes actions qui forment une partie essentielle de l'honneur national. Nous espérons que les citoyens, les magistrats, les cités, les départemens, rivaliseront de zèle pour nous aider dans une entreprise utile à la liberté, honorable pour la patrie. »

Les 1er., 2e. et 3e. vol. sont en vente. Le 1er. vol. contient plus de 40 feuilles d'impression, 656 pages.

Le prix de chaque volume, sur papier superfin satiné, est de 6 fr., et de 8 fr. franc de port pour les souscripteurs, 7 fr. 50 c. et 9 fr. 50 c. pour les non-souscripteurs. Le prix du papier vélin est double.

La souscription sera fermée après la publication du 4e. volume, qui paraîtra le 1er. septembre prochain.

BIBLIOTHÈQUE ÉTRANGÈRE ANCIENNE ET MODERNE, DE POLITIQUE ET DE LITTÉRATURE, ou choix et extraits d'ouvrages remarquables et curieux, traduits de diverses langues, avec des notes et remarques, par M. AIGNAN, membre de l'Institut (académie française). 6 vol. in-8. Prix : 6 fr., et 7 fr. 50 c. par la poste.

L'ardeur des découvertes nautiques n'était pas plus grande en Europe, au seizième siècle, que n'est en France, au dix-neuvième, celle des découvertes littéraires. Après tant de révolutions opposées qui nous ont bouleversés depuis trente ans, les livres, interprètes d'un ordre social qui n'est plus, cessent de suffire à la foule de nouveaux besoins et d'idées nouvelles dont nous sommes assaillis. Nous nous trouvons à l'étroit dans le vaste domaine de notre littérature, et nous cherchons à l'agrandir, précisément pour la conserver; car nulle chose ne demeure stationnaire; tout ce qui ne s'accroît pas dépérit, et nous ne voulons pas laisser dépérir nos lettres, si riches et si brillantes, si nécessaires à l'ornement de notre vie, si nécessaires même à nos garanties nationales : les peuples qui perdent leur littérature ne gardent pas long-temps leur liberté.

Frappé de ces considérations, M. Aignan a depuis long-temps conçu la pensée et préparé les matériaux de l'ouvrage que nous annonçons; il a rassemblé dans son portefeuille, en les traduisant avec un soin extrême, et en les enrichissant de notions et de remarques étendues, un grand nombre de productions importantes, quoique généralement ignorées de nous, et qui appartiennent, soit aux diverses littératures de la moderne Europe, soit à cette littérature latine du moyen âge, dépositaire de tant de trésors cachés, soit aux anciens, dont plusieurs encore ne nous sont pas ou nous sont mal connus, soit aux orientaux, si intéressans à observer, et dont il a été fait, depuis trente ans, par les savans de Calcutta, de si nombreuses importations. Chacun de ces ouvrages, traduit isolément, aurait déjà des titres à l'accueil du public; mais c'est surtout du système qui les joint l'un et l'autre, c'est du contraste de leur rapprochement, que doit naître un effet piquant et agréable. A côté d'une homélie, un conte badin ; près d'un grave morceau de politique, d'éloquence ou d'histoire, un poëme léger, un roman facétieux ; l'Orient mêlé au Midi et au Nord ; l'antique au moderne ; les chrétiens aux païens ; les philosophes aux saints Pères ; les protestans aux catholiques ; les royalistes aux républicains ; et partout une abondante moisson de faits, d'idées et de formes de style qui ne nous étaient pas familiers, tout cela ne peut manquer de plaire et d'attacher.

Chaque livraison sera publiée tous les deux mois. La seconde paraîtra le 10 juillet.

MÉMOIRES INÉDITS DE L'ABBÉ MORELLET, de l'académie française, sur le 18e. siècle et sur la Révolution française; précédés de l'Éloge de l'abbé Morellet, par M. Lémontey, membre de l'Institut (académie française). Deuxième édition. Deux forts vol. in-8. Prix : 13 fr., et 16 fr. par la poste.

On trouve dans ces Mémoires une suite de portraits fidèlement tracés, de faits inconnus, d'anecdotes piquantes. L'auteur, qui a vécu avec *Turgot, Brienne, Malesherbes, Buffon, Rousseau, Voltaire, d'Alembert, Diderot, Marmontel, La Harpe, Necker, Franklin*, etc., les peint tels qu'il les a vus, et parle d'eux sans illusion.

La correspondance inédite que nous avons publiée dans cette nouvelle édition est une véritable continuation de ces Mémoires. L'abbé Morellet y passe en revue une foule de personnages distingués dans les sciences, les lettres et la politique, tels que *Buonaparte, sa fa-*

mille, madame de Staël, Chénier, le cardinal Maury, Geoffroi, Boufflers, Suard, Lalande, le poëte Lebrun, Millevoye, Parny, Fontanes; MM. Baour-Lormian, Daunou, l'abbé Frayssinous, Arnault, Picard, Benjamin-Constant, Raynouard, mesdames de Genlis, Guizot, etc., etc.

LETTRES INÉDITES DE L'ABBÉ MORELLET à M. le comte R*****, ministre des finances à Naples, sur l'histoire politique pendant les années 1806 et 1807. 1 vol. in-8. Prix : 3 fr., et 3 fr. 50 c. par la poste.

Cette correspondance, que nous publions séparément, se trouve dans la seconde édition des Mémoires de l'abbé Morellet; elle complète ces précieux matériaux de notre histoire politique et littéraire; elle est la continuation naturelle de ses Mémoires.

STATISTIQUE DE LA FRANCE (TABLEAU), par Perrot.

Ce tableau, dont l'idée est fort ingénieuse, et dont l'exécution est aussi complète qu'on peut le désirer, est très-utile aux commerçans et aux administrateurs. D'un seul coup d'œil le lecteur peut connaître la superficie d'un département en arpens ou en hectares, ses productions en tous genres, les rivières qui l'arrosent, sa population, le nombre de ses communes, celui des députés, avec leur série, le prix moyen du blé, le départ des courriers, les courriers, les siéges des évêchés, cours royales, académies, etc.

Prix : 2 fr. 50 c.; 3 fr. dans étui; par la poste (en feuilles), 3 fr.

On se fera une juste idée de l'importance et de l'utilité de ce travail, lorsqu'on saura que Son Excellence le ministre de l'intérieur en a fait prendre 660 exemplaires pour le compte de son ministère.

TABLEAU DES MONNAIES ÉTRANGÈRES comparées à celles de la France; contenant leur titre, leur poids et leur valeur, à l'usage des banquiers, négocians, etc., par Chabouillé, ancien agent de change; superbe tableau gravé par Giraldon et imprimé sur une feuille grand-aigle. Prix : 1 fr. 50 c. Par la poste, 3 fr.

Pour prouver combien ce tableau est utile, nous donnerons la liste des monnaies qu'il fait connaître : Genève, Fribourg, Berne, Underwald, Uri et Zug, Bâle et évêché, *idem.* Lucerne, Zurich, Soleure et Saint-Gall, Piémont et Savoie, Gênes et Parme, Plaisance, Milan, Modène, Venise, Rome, Naples et Sicile, Turquie, Florence et Toscane, Madrid, Cadix, Portugal, Liége, Pays-Bas, Hollande, Hambourg, Angleterre, Leipsick, Saxe, Bavière, Wurtemberg et Brunswick, Hanovre, Russie, Prusse, Suède et Pologne, Danemarck, Hongrie et pays héréditaires, Perse et Mogol.

PRINCIPES D'ÉCRITURE CURSIVE, abusivement appelée anglaise, à l'usage de toutes les écoles de France, précédés d'un discours sur l'écriture, par Barde de Vignan, professeur de grammaire et d'écriture. 1 vol. in-folio. Prix : 10 fr., et 12 fr. par la poste.

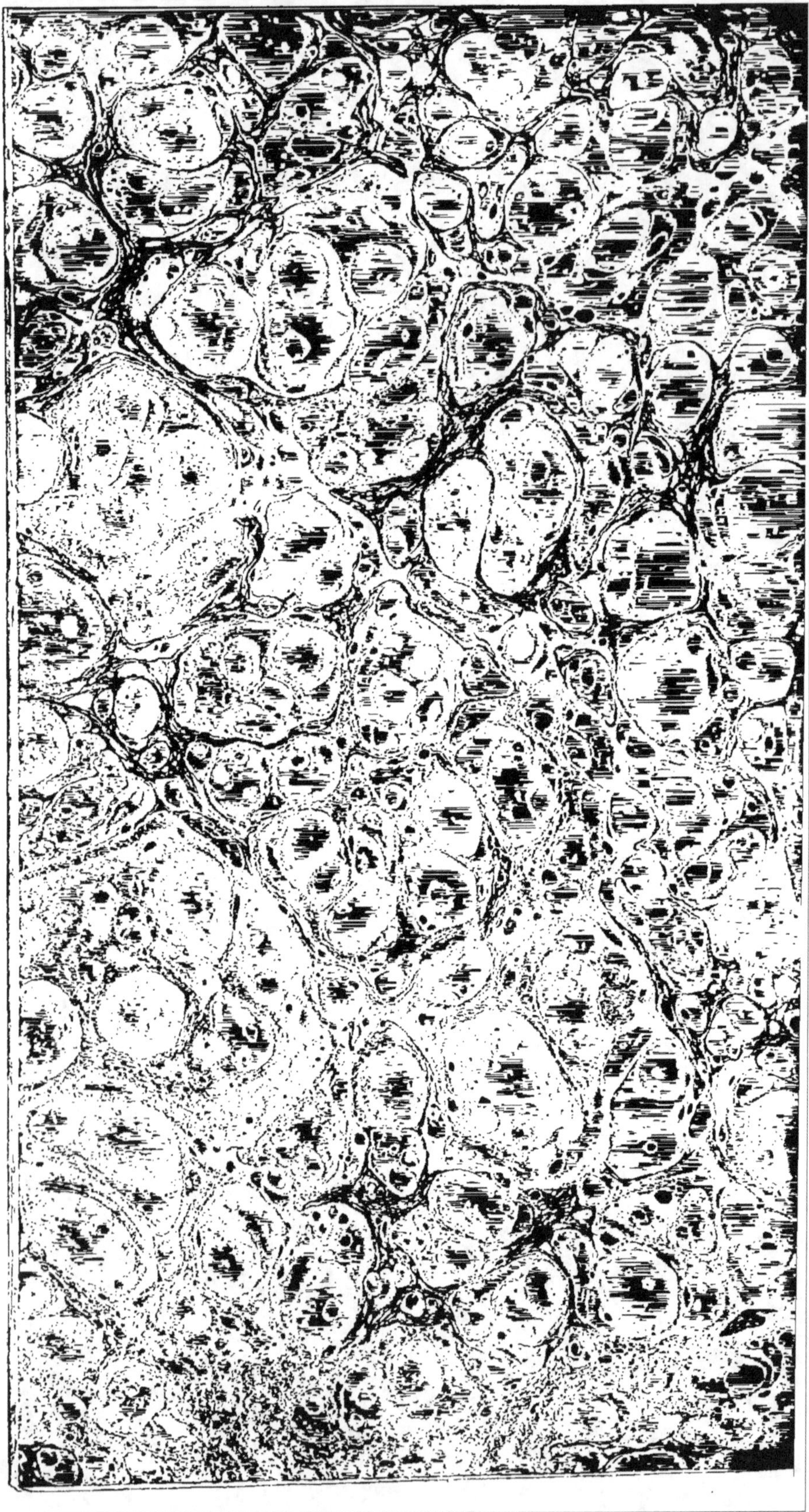

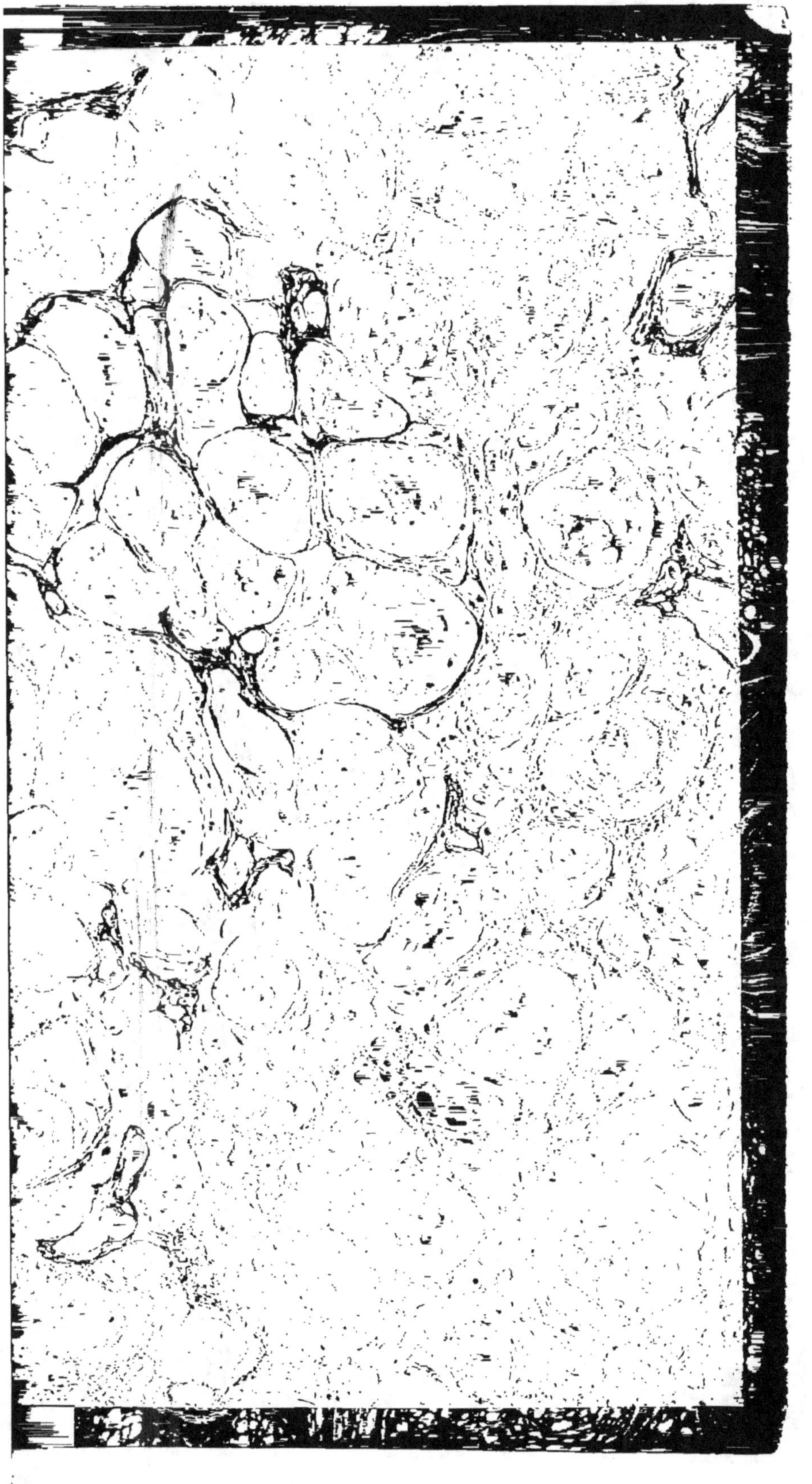

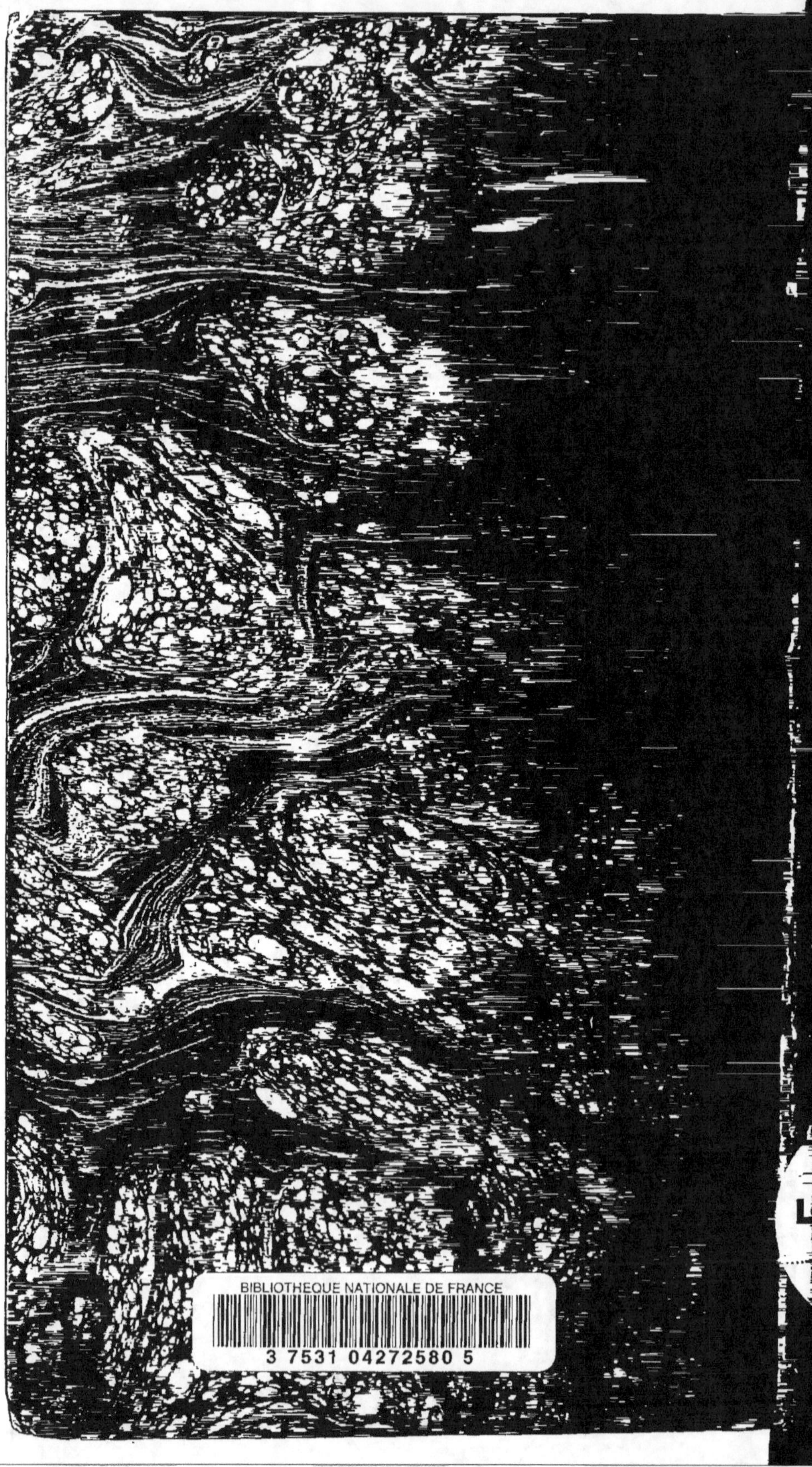